Hartmut Ronge

Unnützes Wissen
Christentum

Hartmut Ronge

UNNÜTZES WISSEN CHRISTENTUM

Verblüffende Fakten zum Schmunzeln, Staunen und Schmökern

BONIFATIUS

Hartmut Ronge ist vielseitiger Autor im Bereich Sachbuch, Humor, Satire und Mundart – und schreibt unter Pseudonym für unterschiedliche Verlage. Seit Jahren sammelt er spannende Infos, originelle Themen und unnützes Wissen rund ums Thema Christentum. In diesem Buch hat er die interessantesten Fakten zusammengestellt. Hartmut Ronge hat zwei Kinder, lebt mit seiner Regierung in Stuttgart und lässt sich schon seit Jahren zum 38. Geburtstag gratulieren – das hält jung. Er wurde wegen besonderer Verdienste zu Hause u. a. bereits mehrfach mit dem goldenen Spülmaschineneinräumpreis ausgezeichnet.

Als Thomas von Aquin den Satz „Das Staunen ist eine Sehnsucht nach Wissen" prägte, kannte er dieses Buch noch nicht. Es hätte ihm sicher gut gefallen. Denn was man hier alles erfährt, lässt einen nicht nur staunen und macht Lust auf mehr, sondern bringt dazu auch noch großen Spaß und stillt den Wissensdurst.

Hier findet man von allem etwas: Kreatives und Spannendes, besondere Ereignisse und Rekorde, Humorvolles und Überraschendes. Das Christentum hat viel zu bieten – und jede einzelne Aufzählung hier im Buch gehört mit dazu. Jede Info ist wie ein kleines Puzzleteil, das Stück für Stück das Gesamtbild ergänzt.

Hier gibt es seitenweise bekannte und verblüffende Fakten sowie viel Wissenswertes und Geheimnisvolles rund um unsere Feste, Feiertage und Bräuche, zu den Themen Kirche, Bibel und Geschichte – humorvoll und kurzweilig präsentiert.

Viel Spaß beim Schmökern, Schmunzeln und Staunen.

Hat Eva in den sauren Apfel gebissen?

Eva aß, wie es in der Bibel steht, verbotenerweise eine Frucht vom „Baum der Erkenntnis". Hier begann die Schuld. In der frühchristlichen Kunst finden sich Sündenfalldarstellungen mit einer Feige; die Frucht stammt ja aus der Gegend des Nahen Ostens. Die Geschichte, dass eine Schlange Eva einen Apfel reichte, ist reine Fantasie und geht wohl auf ein mittelalterliches Wortspiel zurück: „Malum ex malo" bedeutet übersetzt „das Böse aus dem Apfel". Das lateinische „malum" heißt sowohl Apfel als auch Übel. Dass Eva auf fast jedem Bild einen Apfel in der Hand hält, mag zur besseren Verdeutlichung des damaligen Geschehens dienen.

Da nun am Baum im Paradies die Sünde in die Welt kam, versuchte man im apfelbehängten Weihnachtsbaum das Erlösermotiv zu verdeutlichen. Auch in vielen alten Darstellungen wird das Jesuskind auf dem Schoß seiner Mutter mit einem roten Apfel gezeigt – als Zeichen dafür, dass es die Sünden der Welt auf sich nimmt.

Halleluja – was bedeutet das eigentlich?

Der Ausruf Halleluja ist ein zusammengesetztes hebräisches Wort, das aus zwei Teilen besteht. Hallelu heißt so viel wie loben, rühmen, preisen – und daran ist der abgekürzte Gottesname ja (für Jahwe) angehängt. Halleluja bedeutet also „Lobet den Herrn!". Im Alten Testament findet sich der Ausruf vor allem mehrmals in den Psalmen.

Wohin mit dem heiligen Müll?

In vielen katholischen Kirchen findet man das sogenannte Sakrarium – eine unscheinbare, oft mit einer Steinplatte bedeckte Öffnung im Boden der Kirche, in dem unbrauchbare sakrale Materialien entsorgt werden.

Dieser „heilige Ausguss" hinter dem Altar, in der Nähe des Taufsteins oder in der Sakristei führt direkt ins Erdreich und bietet eine angemessene und würdige Entsorgung von verunreinigten Hostien, alten geweihten Ölen, verschüttetem Wein, Restasche von Aschermittwoch und vielem mehr. Vor der Entsorgung werden die Objekte in einen Kelch getan und in Wasser aufgelöst, denn dann ist nach katholischer Vorstellung die reale Gegenwart Christi nicht mehr gegeben.

Es gibt auch die sogenannte Piscina, ein Becken in einer Wandnische, in der entsprechende Dinge entsorgt werden. Teilweise wird dafür sogar der geweihte Boden des Friedhofs benutzt.

Was war zuerst da – das Huhn oder das Ei?

„Am fünften Tag schuf Gott alles Leben im Wasser, dazu die Vögel im Himmel sowie … allerlei gefiedertes Gevögel … und das Gefieder mehre sich auf Erden." Somit kam nach Martin Luther laut 1. Mose 20-22 ganz klar das Huhn vor dem Ei.

Alles so schön bunt hier

Der Regenbogen ist für Christen ein sichtbares Zeichen dafür, dass Gott mit den Menschen einen Bund geschlossen hat. Im Buch 1. Mose 9 sagt Gott zu Noah: „Das ist das Zeichen des Bundes, den ich geschlossen habe zwischen mir und euch und allem lebendigen Getier bei euch auf ewig: Meinen Bogen habe ich gesetzt in die Wolken; der soll das Zeichen sein des Bundes zwischen mir und der Erde. Und wenn es kommt, dass ich Wetterwolken über die Erde führe, so soll man meinen Bogen sehen in den Wolken."

Das Buch der Rekorde!

Bibel bedeutet „Buch" – kein Buch wurde so oft übersetzt, verkauft, verteilt und gelesen. Sie ist unangefochtener Spitzenreiter in den internationalen Buchcharts – weltweit wurden bereits weit mehr als fünf Milliarden Exemplare gedruckt und verkauft. Das ist eine Fünf mit neun Nullen! Es ist das am weitesten verbreitete und das meistübersetzte Buch der Welt – die Bibel gibt es inzwischen in über 750 Sprachen. Damit werden rund 80 Prozent der Menschen weltweit erreicht.

Übrigens ...

Das Wort Apostel leitet sich vom griechischen „postello" (senden) bzw. „apostello" (der Ausgesandte) ab. Aus diesem Wortstamm kommt auch der Name unserer Post.

Ich streite nie – ich erkläre nur, warum ich recht habe ...

Im Mittelalter stritten Theologen unter anderem über folgende Fragen: Kann Gott bellen? Darf man mit Bier taufen? Ist eine Taufe rechtskräftig, wenn man den Täufling anspuckt? Gilt eine Maus als getauft, die mit Taufwasser in Berührung kam? Hat sich Pontius Pilatus nach seinem Urteil die Hände auch mit Seife gewaschen? Kann Gott eine Entjungferte wieder zur Jungfrau machen? Hatte Adam einen Nabel?

Papst werden kann doch jeder!

Man muss nur katholisch getauft, männlich und unverheiratet sein. Tatsächlich muss man weder Kardinal noch Bischof oder gar Pfarrer gewesen sein – und man braucht auch sonst kein Amt in der katholischen Kirche zu bekleiden. Wenn man also im Konklave von den versammelten Kardinälen gewählt wird, wird man umgehend in den Rang eines Bischofs erhoben – und somit zum Bischof von Rom geweiht.

Bislang hat dies tatsächlich nur einer geschafft: Leo VIII. regierte vom 4. Dezember 963 bis zu seinem Tod am 1. März 965 als Stellvertreter Christi.

Geld oder Leben

Luthers 95 Thesen wandten sich gegen alles Unbiblische – der Reformator prangerte u. a. die von der Kirche auferlegten Ablasszahlungen an, durch die man sich laut Papst sein Seelenheil erkaufen konnte.

Seine These Nummer 36 lautet: „Jeder Christ, der wahre Reue empfindet, hat vollständige Vergebung von Strafen und Schuld, die ihm auch ohne Ablassbriefe gehört." Denn die Bibel berichtet ja auch in Apostelgeschichte 8, Vers 20 von Petrus, der sich vehement gegen den Ablass wendet: „Dass du verdammt werdest mit deinem Gelde, darum dass du meinst, Gottes Gabe werde durch Geld erlangt!"

Wer wohl die Strafzettel zahlt?

Rund 500 Autos sind im Vatikan zugelassen. Die Nummernschilder beginnen mit CV für „Città del Vaticano" (Vatikanstadt) und Dienstfahrzeuge haben das Kürzel SCV für „Stato della Città del Vaticano" (Staat der Vatikanstadt).

Die römische Bevölkerung deutet die Abkürzung SCV gerne spöttisch um als „Se Cristo vedesse" (Wenn Christus das sehen würde). Ob die Ausrede lautet: Der Mensch denkt, Gott lenkt? Humor muss man haben ...

11

Ein Mann, ein Wort

Adam bedeutet auf Hebräisch „Mensch" – er gilt als der Stammvater aller Menschen. Gott formte ihn aus Lehm und hauchte ihm Leben ein. Adam gab den Tieren im Paradies ihre Namen. Er zeugte mit 130 Jahren seinen dritten Sohn und wurde laut Bibel 930 Jahre alt. Der 24. Dezember gilt auch als Namenstag von Adam und Eva.

Mein Freund, der Baum ...

Jedes Jahr stehen rund 30 Millionen frisch geschlagene Christbäume in den deutschen Wohnzimmern, auf Terrassen und Balkonen. Davon werden inzwischen nur noch rund 10 Prozent mit echten Wachskerzen bestückt und geschmückt.

Plastikweihnachtsbäume sind inzwischen auch immer mehr im Angebot – aber damit die künstliche Alternative tatsächlich umweltfreundlicher ist als die klassische Fichte, Kiefer oder Tanne müsste man ihn mindestens 20 Jahre lang aufstellen.

Die Bibel der Armen

Weil im Mittelalter die meisten Menschen nicht lesen konnten, schauten sie sich die biblischen Geschichten auf den Wandgemälden und Glasfenstern der Kirchen an. Man sagte dazu „Bibel der Armen".

Krach machen in der Kirche ausdrücklich erwünscht

Bis ins 19. Jahrhundert wurden an den Vorabenden zu Gründonnerstag, Karfreitag und Karsamstag „Pumpermetten" gefeiert. Dabei klopfte man laut auf die Kirchenbänke. Das Geklappere sollte den Lärm und Tumult bei Jesu Gefangennahme und das Erdbeben bei seinem Tod widerspiegeln.

Vom Anfang und Ende

Der erste Satz in der Bibel lautet: „Am Anfang schuf Gott Himmel und Erde." Und der allerletzte Satz im Buch der Bücher heißt: „Die Gnade unseres Herrn Jesu Christi sei mit euch allen." Danach folgt das allerletzte Wort, das in der Bibel steht: „Amen!"

Der häufigste Satz in der Bibel lautet „Fürchtet euch nicht" – er kommt insgesamt 39 Mal vor.

Ein Hase, der Eier legt

Vor der Nordseeküste im Wattenmeer und in der Ostsee lebt der einzige Hase, der um Ostern tatsächlich Eier legt – aber nur ganz ganz kleine. Der sogenannte Seehase laicht bis zu 200.000 Stück. Schwarz gefärbt und gesalzen kann man die ursprünglich orangeroten Fischeier dann als „Deutscher Kaviar" kaufen.

Einfach genial und auf den Punkt!

Martin Luther hat nicht nur die Bibel ins Deutsche übersetzt – der fromme Rebell war auch ein genialer Sprachschöpfer, Wortkünstler und Namenserfinder und hat unsere Sprache ganz wesentlich mit beeinflusst.
Mehr als 400 Begriffe, Redewendungen oder Zitate verwenden wir noch heute. Er hat Begriffe geprägt wie Herzenslust, Bluthund, Lockvogel, Ebenbild, Feuertaufe, Lästermaul oder Nächstenliebe, aber auch Adjektive wie beispielsweise lichterloh, friedfertig, kleingläubig. Auch Metaphern wie „auf Sand bauen", „im Dunkeln tappen", „die Zähne zusammenbeißen" stammen von ihm. Und der ehemalige Mönch hat viele prägnante Sprichworte und Redensarten kreiert, die noch heute jeder kennt – zum Beispiel „Hochmut kommt vor dem Fall" oder „Wer andern eine Grube gräbt, fällt selbst hinein".

Nikolaus? Santa Claus? Hauptsache Schokolade!

Nikolaus und Weihnachtsmann sind zwei völlig verschiedene Personen – man sieht es auch an den unterschiedlichen Terminen. Umso erstaunlicher ist es, dass viele ihren Kindern am Nikolaustag einen Weihnachtsmann aus Schokolade schenken. Der Weihnachtsmann trägt einen roten Mantel, dazu eine rote Mütze mit weißem Bommel. Der Nikolaus jedoch hat ein weiß-rotes Gewand an, einen Krummstab in der Hand sowie eine Mitra auf dem Kopf – eine nach oben spitz zulaufende Kopfbedeckung.

Der, die, das –
auf den Artikel kommt es an ...

Zu Nutella kann jeder sagen wie er möchte; ob der, die oder das Nutella ... alles ist richtig und meint dasselbe. Beim Begriff Oblate sieht es schon ganz anders aus.

Während „die Oblate" eine aus Mehl und Wasser bestehende Hostie bezeichnet, die beim Gottesdienst als Abendmahlsbrot gereicht wird, bedeutet „der Oblate" so viel wie „Hingegebener, Aufgeopferter" – also beispielsweise eine im Kloster lebende, von Mönchen erzogene Person, die auf das Ordensleben vorbereitet werden soll.

Im Mittelalter wurden viele Knaben von ihren Eltern als Oblaten dargebracht – so hatte man in schlechten Zeiten zu Hause einen Esser weniger und das geliebte Kind war dennoch in guter Obhut.

Die kleinste Kirche der Welt

Im spanischen Benalmadéna, rund 15 Kilometer südwestlich von Málaga an der Costa del Sol, steht die Santa Isabel de Hungria – sie ist die kleinste Kirche der Welt. Sie befindet sich in der Burg Colomares, die zu Ehren von Christoph Kolumbus erbaut wurde. Mit nur 1,96 Quadratmetern passt gerade so ein Priester zwischen die vier Wände.

Woher kommt der Begriff „blaumachen"?

Weil man ab Maria Lichtmess (Anfang Februar) wieder bei vollem Tageslicht arbeiten kann, hat man den Angestellten den Nachmittag des darauffolgenden Montags freigegeben. So ist der sogenannte „Lichtblaumontag" entstanden. Außerdem war am Montag vor der Fastenzeit die liturgische Farbe Blau. Viele Gesellen haben es sich bei Bier und Wein gut gehen lassen und haben oft über die Stränge geschlagen – sie haben am „Blauen Montag" nicht gefastet, sondern waren blau – haben also blaugemacht.

Eine andere Erklärung ist folgende: Um Wäsche blau zu färben, hat man Waidblätter in einem Bottich mit Urin vermischt und in die Sonne gestellt, damit das Ganze gärt. Bis nun die blaue Farbe entstanden ist, haben sich die Färber oft eine kleine Pause gegönnt, man hat gefaulenzt und getrunken – und jeder hat gewusst, dass die Männer gerade „blaumachen".

Luther bei die Fische!

Die evangelische Kirche hat die Schriften der hebräischen Bibel (Tanach, eine der heiligen Schriften des Judentums) übernommen und die dort vorhandenen 24 Bücher in 39 Bücher aufgeteilt. Mit den 27 Schriften des Neuen Testaments zusammen umfasst die evangelische Bibel insgesamt 66 Bücher. Die katholische Bibel hingegen hat sieben Bücher mehr – diese Spätschriften des Alten Testaments hat Martin Luther weggelassen, weil er befand, dass sie eigentlich nicht zur Bibel gehören, weil ihre Herkunft und Autorität nicht sicher seien. Die evangelische Bibel ist deshalb also kürzer als die katholische.

Schneller als der Schall

Wenn an Heiligabend jedes christliche Kind vom Weihnachtsmann ein Geschenk bekommen würde, müsste sich dieser mit sagenhaften 1.111 Kilometern pro Sekunde (!) fortbewegen – das ist eine Geschwindigkeit von 4 Millionen km/h. Er wäre damit 3.240-mal schneller als der Schall.

Da hab ich Bock drauf!

Im Mittelalter waren die Fastenbräuche sehr streng, man durfte am Tag insgesamt nur drei Bissen Brot und drei Schluck Wasser zu sich nehmen.

Da auch Alkoholgenuss verboten war, kamen findige Mönche auf die Idee, den Papst zu fragen, ob man denn nicht wenigstens ein „Fastenbier" trinken könne – denn es gab ja die Ordensregel: „Liquida non frangunt ieunum" – „Flüssiges bricht das Fasten nicht". Auf dem langen Weg nach Rom ist dieses speziell gebraute Bier glücklicherweise verdorben, und als es der Pontifex kostete, hat er „das abscheuliche Gesöff" eines Fastengetränkes für würdig erklärt: „Wenn sie so etwas trinken wollen, dann sollen sie es haben." Und jetzt kommt's: Fünf Liter waren für jeden Mönch erlaubt – pro Tag!

Später wurde eine besonders nahr- und schmackhafte Wurst mit sehr niedrigem Fettgehalt kreiert und dazu gab es ein Starkbier, das in der Stadt Einbeck gebraut wurde. Im Volksmund hieß es zuerst Einböck, dann wurde das sogenannte Einbock daraus und schließlich entstand der Begriff Bockbier. So kam auch die dazugehörige Wurst zu ihrem Namen: die Bockwurst.

Nicht zu glauben!

Nur jeder vierte Deutsche glaubt wörtlich an die Jungfrauengeburt Marias. Laut biblischer Überlieferung wurde die Mutter Jesu durch den Heiligen Geist schwanger und nicht durch Geschlechtsverkehr. Angehörige von freikirchlichen Gemeinden glauben zu 58 Prozent daran, Muslime (die im Koran Maria und Jesus als Mariam und Isa kennen) glauben es zu 41 Prozent, dann erst folgen die Mitglieder der Evangelischen Landeskirche mit 32 Prozent und die Katholiken mit 28 Prozent.

Auch bei den Wählerinnen und Wählern gibt es interessante Unterschiede: Es führt wie erwartet die CDU/CSU mit 34 Prozent, dann folgt die SPD mit 30 Prozent, die Grünen stimmen der Jungfrauengeburt mit 16 Prozent zu und bei der FDP glauben nur 12 Prozent daran.

Kein Fleisch, sondern Fisch?

Karfreitag gedenkt man der Leiden Jesu und es ist christliche Tradition, dass an diesem bedeutendsten Fastentag auf das Fleisch „der Tiere des Himmels und der Erde" (warmblütiger Tiere) verzichtet wird. Fisch hingegen ist erlaubt – er war dazu billiger als Fleisch und galt auch als bescheidener.

Der Fisch war übrigens auch ein Geheimzeichen der ersten Christen. Aufkleber mit stilisierten Fischsymbolen, vor allem auf Autos, nehmen noch vereinzelt diese alte Tradition auf, um sich als Christ zu „outen".

Die nadelt nicht!

Die Nordmanntanne ist der beliebteste Weihnachtsbaum in Deutschland – von den rund 30 Millionen verkauften Bäumen ist sie mit über 80 Prozent am beliebtesten.

Die Nordmanntanne hat nichts mit den Nordmannen bzw. Wikingern zu tun. Sie stammt ursprünglich aus dem Kaukasus und wurde nach dem finnischen Biologen Alexander von Nordmann benannt, der sie 1841 entdeckte.

Zehn Jahre muss der Baum wachsen, bis er zwei Meter groß ist – dann besitzt die tiefgrüne, weiche Nordmanntanne rund 175.000 Nadeln. In Dänemark gibt es etwa 3.500 Betriebe mit knapp 100 Millionen Nordmanntannen im Bestand – es ist mit der wichtigste Weihnachtsbaumlieferant.

Einfach tierisch!

Rund 125 Tierarten werden in der Bibel namentlich erwähnt, unter anderem Heuschrecken, Schlangen, Hunde, Pferde, Löwen, Kamele und Schafe.

Dass im Stall an der Krippe bei Jesu Geburt ein Ochse und ein Esel gewesen sein sollen, steht so im Buch der Bücher nicht geschrieben. Katzen kommen in der Bibel überhaupt nicht vor.

Die Gabe der Natur

Bereits Kain und Abel, die ersten beiden Söhne von Adam und Eva, feierten Erntedank. Kain opferte von den Früchten des Feldes, sein Bruder Abel brachte ein Tieropfer von den Erstlingen seiner Herde. Schon im Alten Testament feierte man im Herbst die Früchte der Erde und der menschlichen Arbeit. Später gab es zwei Erntefeste: das Pfingstfest als Getreide-Erntefest und das Laubhüttenfest als Wein- und Gesamt-Erntedankfest. Die Israeliten haben die ersten Früchte vor Gott gebracht. Das waren vor allem Getreide, Öl, Wein und die erste Schafschur der Saison. Diese Gaben waren ein göttliches Gebot. Die frühen Christen haben diese Symbolik für sich übernommen, um zum Ausdruck zu bringen, dass alles, was wir haben, zuerst Gott gehört.

Haarlelujah!

Jesus hatte wohl lange Haare, denn das entsprach dem üblichen Aussehen der einfachen Leute wie Händlern, Handwerkern und Bauern. Die Reichen und die Römer, die Galiläa besetzt hielten, trugen dagegen kurzes Haar.

Fly me to the moon!

Im Jahr 1971 war die erste Bibel auf dem Mond. Der US-amerikanische Astronaut Edgar Mitchell nahm sie bei seiner Apollo-14-Mission mit auf den 384.400 Kilometer entfernten Erdtrabanten.

Die komplette Bibel war auf einem einzigen Dia im Format 3 x 4 cm untergebracht – jede einzelne der 25, gerade so noch mit bloßem Auge sichtbaren Zeilen bestand aus 50 Seiten der Bibel. Insgesamt waren auf diesem sehr kleinen Dia, aufgrund der Bestrahlung mit ultraviolettem Licht, 1.245 Seiten untergebracht – und somit alle Texte des Alten und Neuen Testaments, mit exakt 773.746 Wörtern in englischer Sprache.

Hast du auch 'nen Vogel?

Im Mittelalter gab es den Brauch, dass an Christi Himmelfahrt nur fliegendes Fleisch, also Geflügel gegessen werden darf. In manchen Regionen werden deshalb auch extra spezielle Gebäcke in Vogelform, sogenannte Maivögel hergestellt.

Übrigens ...

Das hebräische Wort „Amen" bedeutet „So sei es".

Es kann nur einen geben ...

Jesus Christus heißt auf Englisch „Jesus Christ", auf Spanisch „Jesucristo", auf Kroatisch „Isus Krist", auf Italienisch „Gesù Cristo", auf Ungarisch „Jézus Krisztus", auf Maori „Ihu Karaiti", auf Polnisch „Jezus Chrystus", auf Finnisch „Jeesus Kristus", auf Koreanisch „yesu geuliseudo", auf Japanisch „Iesu Kirisuto", auf Mongolisch „Yesüs Khrist", auf Tadschikisch „Isoi Maseh", auf Türkisch „İsa Mesih", auf Vietnamesisch "Chúa Giêsu Kitô", auf Walisisch „Iesu Grist", auf Irisch "Íosa Críost" und auf Arabisch "almasih eisaa".

Was es nicht alles gibt

Der französische Schriftsteller Honoré de Balzac hatte zum Schreiben immer eine weiße Mönchskutte an. Er arbeitete oft 14 bis 16 Stunden am Tag und trank dazu bis zu 50 Tassen Kaffee. „La Messe de l'athée" (Die Messe des Atheisten) ist eine seiner kürzesten Erzählungen, in der ein Atheist einen frommen Christen liebt.

Aus dem Griechischen

Evangelisch ist die Ableitung aus dem altgriechischen Wort euangélion, Evangelium.

Evangelium bedeutet „Gute Nachricht" bzw. „Frohe Botschaft". Zum selben Wortstamm gehören auch die Evangelien und die Evangelisten – die Überbringer eben dieser frohen Botschaft.

Nahm Noah wirklich jeweils ein Paar der Tiere mit in die Arche?

Noah sollte tatsächlich von allen Landtieren („von allem Fleisch") jeweils ein Männchen und ein Weibchen mitnehmen: von den unreinen Tieren (z. B. Schweine, Pferde, Hasen) je ein Paar, von den reinen Tieren (Wiederkäuer und Paarhufer mit gespaltenen Klauen, wie Schafe oder Rinder) jedoch sieben Paare und von allen Vögeln ebenfalls jeweils sieben Paare.

Schon mal was von den Heiligen Fünf Königen gehört?

Man weiß es nicht. Denn dass es angeblich drei waren, hat man von ihren drei verschiedenen Geschenken abgeleitet, die sie mit zur Krippe brachten: Gold, Weihrauch und Myrrhe. Kirchenlehrer Tertullian soll um das Jahr 220 n. Chr. als Erster davon gesprochen haben – denn schon im Alten Testament wird vorhergesagt, dass der Messias von Königen beschenkt werden wird. Papst Leo I. hat 445 dann alles offiziell gemacht und sich auf drei Männer festgelegt.

In Gottes Namen!

Die Bezeichnungen Gottes im Alten und Neuen Testament sind sehr vielfältig – sie lauten unter anderem: Adonai (mein Herr, Meister), El (die Gottheit), Elohim (der wahre Gott), Elyon (der Höchste), Jahwe (Ich bin, der ich bin), Abba (Vater).

Jesus? Gesundheit!

Als Ausdruck des Erstaunens, Erschreckens und Bedauerns ruft man oft unbewusst den Namen Jesu in unterschiedlichsten Formen. „Ojemine" beispielsweise ist eine Abwandlung des lateinischen „O Jesu Domine" (O Herr Jesus) – die entsprechende Kurzform davon ist das allseits bekannte „Oje".

Als kurzes Stoßgebet bzw. als eine Art Seufzer kennt man den Ausdruck Jesus, Jesses oder auch Jessas – das ist je nach Region unterschiedlich; im Englischen sagt man einfach Jee, Jeez oder auch Gee. Der Ausruf „Herrje" steht im ursprünglichen Sinne für „Herr Jesus" und drückt ein spontanes Erstaunen aus.

Mit „Jesus" wünscht man in Spanien dem Niesenden, dass Gott ihn vor Krankheiten schützt. Und weil in diesem schutzlosen Moment auch kurz der Mund geöffnet ist, könnte ja zudem der Teufel leicht in den Körper eindringen – würde das Gegenüber nicht „Jesus" wünschen, so die traditionelle Vorstellung. Sich die Hand vor den Mund zu halten, hat also in diesem Fall viele Vorteile ...

Frohe Geweihnachten!

Der Weihnachtsmann soll sich ja mit Rentieren fortbewegen, die er gerne mal vor seinen Schlitten spannt. Dank des Werbegeschenks einer amerikanischen Kaufhauskette mit der Malbuch-Geschichte von „Rudolph, the Red-Nosed Reindeer" kennt man sie alle beim Namen. Sie heißen: Blitzen, Comet, Cupid, Dancer, Dasher, Prancer und Vixen.

Da der rotnasige Rudolph ein Geweih hat, muss er eigentlich weiblich sein – denn männliche Rentiere werfen ihren Kopfschmuck immer schon im Herbst ab. Genau genommen müsste es also eine Rudolphine sein.

Erster!

Und wieder ein Rekord: Die Bibel war das allererste gedruckte Buch der Welt. Im Jahr 1452 begann Johannes Gutenberg mithilfe beweglicher Lettern aus Blei mit dem Druck der ersten gebundenen Werke. Die sogenannte „Gutenberg-Bibel" hat heute einen unschätzbaren Wert.

Übrigens ...

Alle 60 Sekunden werden weltweit 55 Bibeln verschenkt oder verkauft.

Was sucht der Hahn auf der Kirchturmspitze?

Als Jesus im Garten Gethsemane von Judas durch einen Kuss verraten und verhaftet wurde, sind seine Jünger davongelaufen. Als man Petrus fragte, ob er Jesus kennt, hat er dies dreimal verneint. Und jedes Mal hat der Hahn gekräht. Er hat ihn also, wie es Jesus bereits vorausgesagt hatte, dreimal verleugnet. Deshalb befindet sich auf Kirchen ein Hahn, der symbolisch zur Umkehr ruft und vor Glaubensverrat mahnt.

Der Hahn steht aber auch für Christus selbst: Mit einem Hahnenschrei endet die Nacht – und der Sohn Gottes ist das Licht der Welt und führt zum ewigen Leben.

Die längste Bibel der Welt

Aus Stuttgart kommt die längste Bibel der Welt – sie wurde vom ansässigen Künstler Willy Wiedmann in 16 Jahren erschaffen. Die Texte stammen aus der Lutherbibel, und das auffaltbare Leporello besteht aus insgesamt 3.333 Bildern mit einer Gesamtlänge von insgesamt 1.517 Metern Länge – in Erinnerung an Martin Luthers Thesenanschlag im Jahre 1517. Es ist somit die längste gemalte Bibel der Welt.

The same procedure as every year ...

Um Mitternacht wird angestoßen und mit einem kräftigen „Prosit Neujahr" das neue Jahr begrüßt – das kommt aus dem Lateinischen und bedeutet „Es möge gelingen".

Schon die alten Römer haben am Jahreswechsel eine Art Volksfest gefeiert mit Umzügen und Tänzen – und dabei ihrem Gott Janus geopfert. Er hatte zwei Gesichter: Nach links in die Vergangenheit schaut ein bärtiger Greis und nach rechts in die Zukunft ein Jüngling. Seit 153 v. Chr. haben bei den Römern auch am ersten Tag des neuen Jahres die Konsuln (die obersten Beamten von Rom) offiziell ihr Amt angetreten.

Den Jahreswechsel, so wie wir ihn heute kennen, hat Papst Innozenz XII. im Jahre 1691 offiziell eingeführt. Er hat festgelegt, dass der 31. Dezember als letzter und der 1. Januar als erster Tag gilt. Jedoch hat sich dieser Termin erst ab dem 18. Jahrhundert langsam in Europa durchgesetzt.

Das ist einfach Zucker!

Die in der Adventszeit beliebten und auf vielen Weihnachtsmärkten angebotenen, rot-weiß gestreiften, oben gebogenen Zuckerstangen erinnern Groß und Klein an den Bischofsstab des Heiligen Sankt Nikolaus.

Ausweis, bitte!

Als Nehemia, dessen Geschichte im gleichnamigen Buch der Bibel erzählt wird, im babylonischen Exil darum bat, nach Judäa reisen zu dürfen, wurde ihm vom persischen König Artaxerxes I. einer der wohl ersten Reisepässe der Geschichte ausgestellt.

Der König bat in diesem Pass (einem Brief „an die Statthalter jenseits des Flusses") um entsprechende Sicherheit für ihn, während er durch ihre Länder reiste.

Der Herr ist mein Hirte ...

Kathedrale und Dom sind dasselbe. Das eine Wort stammt aus dem Lateinischen, das andere aus dem Französischen. Beide bezeichnen die Amtskirche, in der ein katholischer Bischof oder Erzbischof residiert – und die die sogenannte Kathedra als dessen Sitz enthält. Eine Diözese ist dessen Amtsgebiet.

Das Wort Bischof kommt übrigens aus dem Griechischen und bedeutet „Aufseher".

Übrigens ...

Jesus wusch seinen Jüngern nach dem letzten Abendmahl die Füße – als Zeichen von Demut und Nächstenliebe.

Takk og god jul!

Vielen Dank und frohe Weihnachten! Mit der Spende eines großen Weihnachtsbaumes von der Stadt Oslo bedanken sich jedes Jahr die Norweger für die Hilfe der Briten im Zweiten Weltkrieg. Der schmucke Christbaum wird seit dem Jahr 1947 immer am Trafalgar Square aufgestellt. Schöne Geste!

Woher kommt der Begriff „ein Buch aufschlagen"?

Bibeln bestanden bis ins 18. Jahrhundert oft aus großen Folianten mit schweren Holzdeckeln, damit sich die Blätter nicht wellten, sowie Einbänden aus dickem Schweinsleder – mit Riemenschließen aus Messing wurde alles zusammengehalten.

Vor dem Lesen musste man sie entsprechend öffnen und dazu erst einmal kräftig mit der Faust draufschlagen, damit die Schließen aufsprangen. Man hat also, im wahrsten Sinne des Wortes, das Buch „aufgeschlagen".

Fesselnde Geschichte ...

Auch die Brezel ist eine klassische Fastenspeise, die ursprünglich nur in Klöstern hergestellt wurde. Die echten Fastenbrezeln sind weiß. Der Name der Brezel leitet sich von dem lateinischen Wort „bracchium" für „Ärmchen" ab. Als Karfreitagsbrezeln wurden sie wegen ihrer verschlungenen Form zum Symbol für die Fesseln Christi.

Schon lange getrennt

Bei den frühen Christen waren Christi Himmelfahrt und Pfingsten noch eine Einheit mit dem Osterfest. Ab dem 4. Jahrhundert bildeten sich eigenständige Feierlichkeiten heraus.

Nur so lang wie ein Streichholz

Die kleinste gedruckte Bibel der Welt ist 4,3 cm lang, 3 cm breit und 2 cm dick. 1896 schaffte es der Drucker David Bryce, auf einem Zentimeter sagenhafte 23 Zeilen unterzubringen. Die sogenannte „King-James-Bibel" hat insgesamt 1.000 Seiten. Für die Soldaten des Britischen Empire war sie sehr praktisch, denn im Deckel der kleinen Blechschatulle befand sich auch eine kleine Leselupe.

Lesen verboten!

Martin Luther hat mit seiner Bibelübersetzung ins Deutsche die Grundlage für unser heutiges Hochdeutsch geschaffen – und für eine Vereinheitlichung der deutschen Sprache gesorgt. Bis dahin wurde in vielen Regionen Deutschlands noch ganz unterschiedlich gesprochen und geschrieben.

Bis Martin Luther kam, hatte die Kirche das Bibel-Monopol, da es diese bis dahin nur in lateinischer Sprache gab. Nur studierte Priester waren befugt, der Gemeinde die Inhalte auszulegen – sie selbst zu lesen war Christen lange Zeit verboten (und mangels Schulbildung oft auch gar nicht möglich).

Luther machte die Bibel endlich für jeden lesbar – und so konnte man nun selbst prüfen, ob das alles stimmt, was einem bislang so erzählt wurde ...

Versprochen – diesmal schenken wir uns wirklich nichts ...

Laut einer aktuellen Übersicht von Statista geben die Deutschen über alle Einkommensgruppen hinweg im Schnitt zwischen 200 und 300 Euro für Weihnachtsgeschenke aus. Rund 60 Prozent der Geschenke bestehen aus Bargeld oder Gutscheinen – danach folgen die altbekannten Klassiker Bücher, Spielsachen, Parfüm, sowie Geschirr und Vasen, Strümpfe und Krawatten.

Warum gibt es eine Osterinsel?

Die 165 Quadratkilometer große Insel wurde am Ostersonntag im Jahr 1722 durch eine niederländische Expedition entdeckt. Der Kapitän Jakob Roggeveen gab ihr den Namen Osterinsel. Bei den Eingeborenen heißt die Insel Rapa Nui.

Eine runde Sache ...

Den ersten Adventskranz hat Johann Hinrich Wichern 1840 in einem Waisenhaus in Hamburg aufgehängt – ein Wagenrad mit 24 Kerzen. Der evangelische Pastor hatte in der Hansestadt das „Rauhe Haus" gegründet und für die elternlosen Kinder zur Adventszeit bei der täglichen Kerzenandacht immer ein Licht mehr angezündet, bis an Weihnachten alle Kerzen brannten.

Um 1870 schließlich wurde der erste, uns noch heute bekannte, kleine runde Adventskranz aus Tannenzweigen geflochten. Der Adventskranz hat keinen Anfang und kein Ende und steht sowohl für Gottes nie enden wollende Liebe als auch für seinen ewigen Bund mit den Menschen.

Süßer die Glocken nie klingen

Vom 25. bis zum 26. Juli 2005 läuteten im Penticton Convention Centre in Penticton in Britisch-Kolumbien durchgehend die Glocken. Der Kanadier Joe Defries zog 28 Stunden, 50 Minuten und 21 Sekunden an den Seilen – und stellte in der am westlichsten gelegenen Provinz Kanadas einen Weltrekord im Dauerläuten auf.

Mehrtürer? Nein – Märtyrer!

Das Wort Märtyrer entstammt dem griechischen „martys" und bedeutet Zeuge, im christlichen Sinne Blutzeuge. Märtyrer sind Menschen, die verfolgt und getötet wurden, weil sie sich zu ihrem Glauben bekannten, ohne Scheu vor Konsequenzen öffentlich Zeugnis ablegten und sich trotz Haft, Verbannung und Folter nicht von ihrem klaren und offenen Bekenntnis zu Jesus oder Gott abbringen ließen.

Der erste christliche Märtyrer war Stephanus, der wegen seines Glaubens gesteinigt wurde. Seine Ermordung war das Signal zur großen Christenverfolgung in Jerusalem.

Erst fällen, dann fallen –
und dann gefällt's

45 Meter hoch. 40 Tonnen schwer. Für den größten „echten" Christbaum der Welt werden jedes Jahr rund 1.000 Fichten gefällt und auf dem Dortmunder Weihnachtsmarkt zu einem neuen, riesigen Baum zusammengestellt. Nach dem Schmücken beleuchten dann rund 50.000 energiesparende LEDs den Baum auf dem Hansaplatz.

Chill mal wieder!

Vorschrift ist Vorschrift: Nur insgesamt 1000 Meter darf man am Sabbat zurücklegen, ohne das jüdische Gebot der Sabbatruhe zu verletzen.

Übrigens ...

In der Bibel kommt einige Male der Begriff Tagewerk vor. Ein Tagewerk war ein altes Flächenmaß, d. h. die von einem Ochsengespann an einem Tag umgepflügte Ackerfläche (ca. 1/3 ha = 3.333 qm). Daher stammt auch die Redensart: „Er hat sein Tagewerk vollbracht."

Nano nana! Kleiner geht's nicht ...

Um den Text der kleinsten hebräischen Bibel bzw. des gesamten Alten Testaments lesen zu können, benötigt man ein Elektronenmikroskop, das das Geschriebene 10.000 Mal vergrößert.

Die sogenannte Nano-Bibel besteht aus rund zehn Millionen Bits und wurde von israelischen Physikern aus Haifa in sogenannten Focused-Ion-Beam-Verfahren auf einen Silikonchip geprägt bzw. eingraviert. Der viereckige Chip in der Größe eines halben Quadratmillimeters ist kleiner als ein Sandkorn.

Himmel. Herrgott. Sakrament

Als Sakrament bezeichnet man ein Zeichen für die Nähe Gottes bzw. für die Gemeinschaft mit Gott (Begegnung von Gott und Mensch). Protestanten haben zwei Sakramente: Taufe und Abendmahl.

Die katholische Kirche kennt sogar sieben: Taufe, Eucharistie, Firmung, Ehe, Buße, Krankensalbung und Weihe (Diakon, Priester, Bischof).

So kann man Ostereier auch verstecken ...

Sogenannte „Easter Eggs" sind undokumentiert eingearbeitete Bilder, Zusatzfunktionen oder Botschaften in einer Software, die mit dem eigentlichen Programm nichts zu tun haben – es können auch versteckte Überraschungen in Filmen und Serien oder Videospielen sein, die die Entwickler hinter einer entsprechenden Menü- oder Tastenkombination versteckt haben.

So ein Gegurke ...

In den Vereinigten Staaten hängen in der Weihnachtszeit tatsächlich Gurken aus Blech oder Glas am Christbaum – sogenannte „German Christmas Pickles".

Es soll einst im Amerikanischen Bürgerkrieg ein ausgehungerter deutscher Soldat an Heiligabend in Gefangenschaft nach einer kleinen sauren Gurke zum Essen gebeten haben. Nachdem er überlebte, hängte er jedes Jahr als Dank eine Gurke an seinen Weihnachtsbaum. In den USA dekoriert man noch heute den Baum mit einer künstlichen Gurke, nach der die Kinder vor der Bescherung suchen müssen.

In good old Germany wird diese angeblich „urdeutsche Tradition" allerdings nicht praktiziert.

Fan-tast-isch!

Tasten statt lesen: Biblische Texte in Blindenschrift sind mittlerweile in rund 200 Sprachen verfügbar. Eine komplette Ausgabe der Blindenbibel besteht aus insgesamt 40 Bänden und wiegt knapp über 40 Kilogramm. Die Bibel in Braille-Schrift ist aufwändig zu produzieren und kostet in der Herstellung rund 400 Euro.

Fasten? Fast-zinierend!

40 Tage hat die Sintflut gedauert. 40 Tage war Mose allein auf dem Berg Sinai, als er die zehn Gebote empfing. 40 Jahre hat es gedauert, bis das Volk Israel ins gelobte Land kam. 40 Tage hat Jesus in der Wüste gefastet und hat allen Versuchungen des Bösen widerstanden.

In der Bibel steht die Zahl 40 symbolisch für die Zeit der Vorbereitung und des Wartens – im Frühjahr ab Aschermittwoch auf Ostern, im Advent auf Weihnachten. Es ist auch die Zeit der Buße, der Besinnung und inneren Reinigung.

In den Kirchen hängen an der Kanzel und am Altar violette Tücher (Paramente); sie sollen die Morgendämmerung und somit das Warten auf den kommenden, neuen Tag symbolisieren.

Jetzt schlägt's 13

Die älteste Glocke, die jemals entdeckt wurde, fand im Jahr 1849 der Brite Sir Austen Henry Layard im babylonischen Palast des Nimrod. Sie ist über 3.000 Jahre alt.

Wenn das Wörtchen nicht nicht wär ...

Im Jahr 1631 machten zwei Londoner Bibeldrucker einen entscheidenden Fehler, der sie sogar die Lizenz kostete – sie vergaßen das Wort „nicht" zu drucken – und so stand in den Bibeln beim siebten Gebot der Satz: „Du sollst Ehebruch begehen." Der Erzbischof von Canterbury zog prompt die entsprechenden Konsequenzen.

Nur neun Exemplare dieser sogenannten „Sündenbibeln" gibt es heute noch – sie gelten als „Blaue Mauritius" der Religionswissenschaft, weil sie so selten sind.

Dann ging ihnen ein Licht auf

Kerzen sind praktisch, leicht herzustellen und sie bringen Licht ins Dunkel, wenn es Abend wird. Im Mittelalter wurden Kerzen in der christlichen Kirche zuerst abgelehnt, denn diese „gotteslästerlichen Dinge" machten die Menschen ja vom gottgegebenen Tag-Nacht-Rhythmus unabhängig.

Alles zu seiner Zeit

Die Bibel entstand innerhalb von rund 1.500 Jahren und wurde über viele Generationen hinweg nur mündlich überliefert, bis man schließlich begann, alles aufzuschreiben. Das Alte Testament wurde von ungefähr 1.400 v. Chr. bis 400 v. Chr. in aramäischer und hebräischer Sprache festgehalten. Das Neue Testament wurde zwischen 30 n. Chr. und 95 n. Chr. in Griechisch verfasst. Insgesamt waren rund 40 Schreiber aus den unterschiedlichsten Gesellschaftsschichten an der kompletten Bibel beteiligt.

Fast food ...

Mit Fasenacht, Fasnet, Fastelawend oder Fastnacht wurde schon immer, wie das Wort auch sagt, die letzte Nacht vor dem Beginn des großen Fastens benannt. Jetzt kann man noch ein letztes Mal ausgiebig feiern, essen und trinken. Ab dem 13. Jahrhundert war Fastnacht nicht mehr nur ein einziger Abend – man bezeichnet seitdem damit die komplette Faschingszeit.

Heute gilt der 11.11. als offizieller Fastnachtsbeginn; er liegt direkt vor der Fastenzeit im Advent (40 Tage vor Weihnachten) – wie die Fastenzeit im Frühjahr vor der Passionszeit (40 Tage vor Ostern).

Übrigens ...

Sonntage sind vom Fasten ausgenommen.

Immer mit dem Besten rechnen

Der skythische Mönch Dionysius Exiguus berechnete um das Jahr 200 die Geburt Jesu und legte den ersten Tag der neuen Zeitrechnung nachträglich fest.

Er war eigentlich mit der Berechnung des Ostertermins beauftragt und setzte das Jahr 247 Diokletians mit dem 531. Jahr nach Christi Geburt gleich. Dabei verrechnete er sich um wenige Jahre. Dieser falsche Nullpunkt setzte sich jedoch durch.

Die Weltgeschichte ließ sich von nun an klar in eine Zeit „vor" und in eine Zeit „nach Christus" einteilen.

Prozentuale Verbreitung des Christentums

Deutschland – 57 %

Frankreich – 64 %

USA – 79 %

Schweden – 87 %

Polen – 90 %

Italien – 92 %

Spanien – 93 %

Argentinien – 94 %

Dominikanische Republik – 95 %

Sambia – 96 %

Griechenland – 98 %

Honduras – 99 %

Vatikan – 100 %

Warum hat ein Mönch
die Maultasche erfunden?

Schwaben sind ja bekannt als Denker, Tüftler und Erfinder, oder wie man oft auch sagt: Käpsele. Mitte des 5. Jahrhunderts lebte so ein Schlauberger im Kloster Maulbronn bei Stuttgart. Der Mönch namens Jakob hatte sich überlegt, wie er dem Herrgott und den strengen Vorschriften ein Schnippchen schlagen könnte. Zur Fastenzeit war ja fast alles Gute verboten: Milch, Butter, Eier ... Aber auch Fleisch und Fett durfte man nicht essen. Der Zisterzienserbruder war zufällig an ein Stück leckeres Schweinefleisch gekommen, hat es kleingehackt und mit verschiedenen Kräutern, Zwiebeln, Eiern und Brotstücken vermengt. Dann hat er die Masse mit einem dünnen Nudelteig ummantelt und lauter kleine viereckige, handtellergroße Portionen daraus gemacht. So getarnt, konnte niemand mehr sehen, was in den leckeren Teigtaschen versteckt war. Heute sagt man im Schwäbischen auch „Herrgottsbscheißerle" dazu, weil der Maulbronner Mönch seinerzeit versucht hatte, Gott durch diesen Trick zu besch...

Ganz schön ei-frig!

Das erste Ostereimuseum Deutschlands findet man in der schwäbischen Gemeinde Sonnenbühl – dort werden über 1.000 Exemplare aus ganz Europa den Besuchern präsentiert. Das größte Osterei Deutschlands gab es im rheinland-pfälzischen Betztdorf zu bestaunen. Es hatte einen Durchmesser von 5,71 Metern und war sagenhafte 9,27 Meter hoch.

Was bedeutet eigentlich C+M+B über der Haustüre?

Sternsinger ziehen immer am 6. Januar von Haus zu Haus und sammeln Geld und Gaben für den guten Zweck und die Mission. Dabei sind die Kinder als Caspar, Melchior und Balthasar verkleidet. Ihre Namen haben die drei Weisen erst im sechsten Jahrhundert erhalten – und im Mittelalter machte sie dann der Volksglaube zu Repräsentanten der damals bekannten Kontinente Europa, Asien und Afrika. Am Dreikönigstag nun schreiben sie mit Kreide C+M+B mit der jeweiligen Jahreszahl über die Tür – das sind sowohl ihre Anfangsbuchstaben, es heißt aber vor allem auch „Christus mansionem benedicat" – Christus segne dieses Haus.

Die Qual der Wahl ...

Im Jahr 236 setzte sich während der Papstwahl eine Taube auf den Kopf eines Anwesenden. Die frühen Christen sahen das als Zeichen des Heiligen Geistes – und so kam Papst Fabian I. zu seinem Amt.

Das längste Konklave der Kirchengeschichte dauerte von 1265 bis 1268 – es fand in der Stadt Viterbo statt. Das dauerte dem Bürgermeister viel zu lange und so ließ er den Kardinälen nur noch Brot und Wasser servieren, um das ganze Prozedere zu beschleunigen. Doch es nutzte nichts. Als schließlich der Bürgermeister das Dach abdecken ließ und sie buchstäblich im Regen standen, wurde Gregor X. zum Papst gewählt.

Im Jahre 1903 erlitten die Teilnehmer des Konklaves eine Lebensmittelvergiftung, weil ein lange nicht mehr benutzter Kupfertopf die Suppe verdorben hatte.

Was ist das älteste christliche Symbol?

Das sogenannte Christusmonogramm besteht aus einem übereinander gelegten X und P. Der älteste Beleg für seine christliche Verwendung datiert noch auf die Lebenszeit Konstantins, auf das Jahr 312. Die beiden griechischen Buchstaben X (Chi) und R (Rho) stehen als Abkürzung für das Wort Christus, da es die ersten beiden Buchstaben des griechischen Wortes Christós sind.

Was ist der Unterschied zwischen Karneval, Fasching und Fastnacht?

An diesen Tagen vor der entbehrungsreichen Fastenzeit wird ausgelassen gefeiert – die Narren sind los, man verkleidet sich und es wird getanzt, getrunken und reichlich gespottet.

Karneval könnte sich vom lateinischen „carne vale" ableiten, was übersetzt bedeutet: Fleisch lebe wohl. Oder aber von „carrus navalis", einer Art Schiffswagen, auf dem früher bei Umzügen in Rom die Statuen verschiedenster Götter zu sehen waren. Deshalb sagt man noch heute zu einem Karnevalswagen Narrenschiff.

Fasching war schon im 13. Jahrhundert als „vaschanc" bekannt – da gab es zum letzten Mal Alkoholisches vor der Fastenzeit.

Mit Fastnacht wird wortwörtlich die letzte Nacht vor dem Beginn des großen Fastens bezeichnet – man sagt auch Fasenacht, Fasnet oder Fastelawend (awend = Abend) dazu. Jetzt kann man noch ein letztes Mal ausgiebig feiern – am Aschermittwoch ist dann wieder alles vorbei.

Kaum zu glauben – und so abwechslungsreich!

Die Bibel ist eigentlich eine kleine Bibliothek, die aus insgesamt 66 Büchern besteht – mit 1.189 Kapiteln, 31.171 Versen und 738.765 Wörtern. Das sind sage und schreibe rund 4.410.157 Buchstaben. In der Bibel finden sich ganz unterschiedliche Literaturgattungen: Lyrik, Geschichtsbücher, Weisheitstexte, prophetische Schriften, Liebeslieder und auch Briefe.

Lach mal wieder ...

Wer war der erste Dichter? Es war Nebel. Denn es steht geschrieben: „Dichter Nebel lag auf der Erde."

Da ist der Wurm drin!

In warmen, flachen Meeren, bei rund 24 Grad Wassertemperatur, lebt in selbstgebauten Kalkröhren der sogenannte Weihnachtsbaumwurm. Er hat einen bis zu knapp 11 cm langen Körper mit unterschiedlicher Färbung – es gibt ihn in Weiß, Gelb, Orange, Rot, Braun, Pink oder Blau.

Dieser Spiralröhrenwurm sieht tatsächlich aus wie ein Weihnachtsbaum und kommt vor allem in tropischen Gewässern vor, u. a. im Roten Meer, im Indischen Ozean, in der Karibik, im Südpazifik, im Golf von Mexiko – verwandte Arten findet man aber auch in der Nordsee.

Schummeln gegen Magenknurren

In der Fastenzeit heißt es: Wer gläubig ist, muss hungern. Denn Fasten war schon immer ein echter Gottesdienst. Fleisch war im Mittelalter streng verboten, Fisch durfte man essen. Schon im Konstanzer Konzil (1414–1418) wurde festgelegt: Alles was im Wasser lebt, gilt als Fisch. Und so hat man immer wieder versucht, mit kleinen Tricks und Spitzfindigkeiten die entsprechenden Vorschriften zu umgehen.

So hat sich beispielsweise die Kirche im Mittelalter des Bibers angenommen – ein ans Wasser angepasstes Säugetier und Warmblüter, mit rund 15 bis 20 Kilo essbarem Fleisch. Deshalb wurde der Biber wegen seiner Vorliebe für das Leben am und im Wasser kurzerhand zum Fisch erklärt – dasselbe gilt für Otter und sogar Dachse. Dem Einfallsreichtum waren tatsächlich fast keine Grenzen gesetzt, selbst püriertes Rehfleisch – in Fischform angerichtet – ließ man sich schmecken. Es wurden beispielsweise Schweine ertränkt und dadurch zu „Wassertieren" gemacht. Der Legende nach soll sich sogar einmal ein Abt über einem Spanferkelbraten bekreuzigt und „Baptisto te carpem" gesagt haben: „Ich taufe dich Karpfen". Not macht halt erfinderisch – und Mönche und kirchliche Würdenträger sind eben auch nur (sündige) Menschen ...

Buch-stäblich rekordverdächtig

Das kürzeste Buch der Bibel besteht aus nur einem einzigen Kapitel mit etwa 300 Wörtern – es ist das Buch Philemon mit dem Brief des Paulus an eben jenen. Das längste Buch der Bibel sind die Psalmen mit 150 Kapiteln und insgesamt rund 43.750 Wörtern.

Halloween –
wo kommt das denn her?

Der Ursprung von Halloween könnte im keltischen Neujahrsfest Samhain liegen, das bereits 500 v. Chr. gefeiert wurde. Der Totengott Samhain („Sommerende") übernahm im Winter seine halbjährige Regentschaft und wurde an diesem Tag mit Opfergaben geehrt.

Das Verteilen von Leckereien an Halloween hat seinen Ursprung in der Vorstellung, dass die Toten für diese einzige Nacht im Jahr Ausgang erhielten, um an ihren früheren Lebensort zurückzukehren. Man stellte Lichter auf, um den guten Seelen den Weg zu weisen. Damit sie kein Unheil brachten, bestachen die Lebenden sie mit Essen – oder man versuchte, böse Geister sowohl durch Maskierung und Verkleidung als auch mit leuchtenden Fratzen aus den Rüben des Feldes in die Flucht zu schlagen.

Die römisch-katholische Kirche machte im 9. Jahrhundert aus dem alten keltischen Neujahrsfest das Allerheiligenfest. Halloween leitet sich ab von „All Hallows' Eve". Hallow heißt soviel wie heiligen oder weihen – und Eve bedeutet evening, also Abend. Halloween ist also der Vorabend vom Allerheiligenfest am 1. November.

Übrigens …

Römische Bürger durften von Rechts wegen nicht wie Jesus gekreuzigt werden, sondern wurden zumeist enthauptet oder verbannt oder man hat ihnen die Möglichkeit des Freitodes gegeben.

Die Robbe Gottes

In manchen Ländern gibt es bis heute für bekannte Begriffe oftmals kein entsprechendes Wort – so muss man vieles umschreiben, um den Sinn dahinter deutlich zu machen.

In der 2012 erschienenen Bibelübersetzung für die kanadischen Inuit beispielsweise war man besonders kreativ. Hier liegt das gelobte Land in der Polarzone und ein Wunder ist „etwas, das man nicht jeden Tag sieht". Jesus reitet auch auf keinem Esel, sondern fährt auf einem Schlitten übers ewige Eis. Statt Brote vermehrt er Walfett und man nennt ihn auch nicht Lamm Gottes, sondern „die Robbe Gottes".

Jesus, so steht es geschrieben, wird auch nicht als „der gute Hirte" bezeichnet, der seine Schafe hütet – für die Inuit tritt er als „Babysitter für die Schlittenhunde" in Erscheinung. Also, immer heraus mit der Sprache – solange es der Wahrheitsfindung dient.

Zeit ist relativ ...

Wäre Jesus, auf dem unsere heutige Kalenderzählung beruht, nicht geboren, hätten wir wahrscheinlich noch die römische Zählweise, die im Jahr 753 v. Chr. beginnt – diese bezieht sich auf die Gründung Roms, die der Schriftsteller Marcus Terentius Varro auf eben dieses Jahr legte.

Die Römer selbst rechneten nach Steuerjahren, nach Konsulatsjahren und nach Regierungs- bzw. Lebensjahren der römischen Kaiser. Nach römischer Zählweise müsste man heute also 753 Jahre dazuzählen.

Was hat der Aschermittwoch mit Asche zu tun?

Am Aschermittwoch ist alles vorbei – es ist der erste Tag der Fastenzeit. Jetzt beginnt die 40-tägige Vorbereitungszeit auf Ostern. Katholiken lassen sich vom Priester ein kleines Aschekreuz aus verbrannten Öl- und Palmsonntagszweigen auf die Stirn machen.

Schon zu Zeiten des Alten Testaments gingen reuige Sünder „in Sack und Asche". Bereits um 700 n. Chr. war es Brauch, demjenigen, dessen Sünden öffentlich bekannt waren, als äußeres Zeichen Asche auf das Haupt zu streuen – und ihn so symbolisch aus der Kirche zu weisen. Dies geschah in Anlehnung an die Vertreibung von Adam und Eva aus dem Paradies. Am Gründonnerstag wird man dann wieder in die christliche Gemeinschaft der Gläubigen aufgenommen.

Ascher ist nichts anderes als Asche. Diese hat man früher als Putz- und Reinigungsmittel verwendet. Sie ist deshalb auch ein Symbol für Buße, Reue und Reinigung der Seele. Eine kleine Kehrwoche für den Kopf, quasi.

Süßes geht immer

Spekulatius ist ein knuspriges Adventsgebäck. Die Römer nannten den Bischof „speculator" – das bedeutet Aufseher bzw. Beobachter. Der Begriff könnte aber auch auf das lateinische „speculum" (Spiegel, Abbild) zurückgehen, denn das Gebäck drückt die Form für den Teig durch das Model spiegelbildlich ab.

Andere Buchstaben – derselbe Inhalt

Bibel heißt auf Irisch „Biobla", auf Italienisch „Bibbia", auf Lettisch „Bībele", auf Norwegisch „Bibelen", auf Walisisch „Beibl", auf Türkisch „Incil" und auf Zulu „ibhayibheli".

Wie ist der Ausdruck „Schlingel" entstanden?

Noch im letzten Jahrhundert haben viele Mägde und Knechte das Jahr über weit weg von zu Hause bei fremden Bauern gelebt und gearbeitet. Diejenigen, die über die kalte Jahreszeit nicht von ihrem Dienstherrn versorgt wurden, mussten an den Weihnachtsfeiertagen ihr Bündel schnüren und weiterziehen. So hat man dann oft mal wieder die Eltern und die Verwandtschaft besucht.

Schlenkeltage wurde die freie Zeit bis zur Neueinstellung genannt. Schlenkeln kommt von „schlanken" – was so viel bedeutet wie trödeln, schleichen. Und weil so mancher eine viel zu lange „Schlenkelweil" in diversen Gasthäusern eingelegt hat, ist aus dem Schlenker im Laufe der Zeit das Wort Schlingel entstanden.

Der Schlaf der Gerechten

Gaius Messius Quintus Traianus war in frühchristlicher Zeit von römischen Truppen zum Kaiser ausgerufen worden und hattte seinerzeit angeordnet, dass nur römische Götter angebetet werden dürfen. Er hat dazu im Jahre 251 die erste systematische Christenverfolgung befohlen, die sich auf das gesamte Römische Reich erstreckte.

Der Legende nach haben sich deshalb sieben gläubige Brüder in einer Höhle auf dem Berg Celion bei Ephesus (dem heutigen Efes an der türkischen Ägäisküste) versteckt. Daraufhin ließ der Kaiser den Eingang zumauern – die sieben Jünglinge haben gebetet und sind in einen über 200-jährigen Schlaf gefallen. Als sie am 27. Juni 446 wieder erwachten, war das Christentum inzwischen Staatsreligion geworden.

Deshalb wird am 27. Juni immer Siebenschläfer gefeiert. Man kennt den Tag aber auch als Lostag – und die entsprechende Bauernregel lautet: „Das Wetter am Siebenschläfertag sieben Wochen bleiben mag."

Wie kam es zum Namen Santa Claus?

In den Niederlanden heißt der Nikolaus „Sinterklaas". Als holländische Auswanderer 1621 in Nordamerika New Amsterdam gründeten, kamen entsprechende Traditionen mit über den großen Teich – und Sinterklaas klang englisch ausgesprochen wie Santa Claus.

Warum färbt man eigentlich Eier?

Da Eier während der Fastenzeit nicht gegessen werden durften, hat man sie abgekocht, um sie haltbar zu machen. Weil die Hühner ja fleißig weiter Eier legten, hat man die harten farblich gekennzeichnet.

Bereits die Babylonier beschenkten sich gegenseitig mit reich verzierten Eiern aus Anlass ihrer Frühjahrsfeierlichkeiten. Walnussblätter färbten die Eier bräunlich, Zwiebelschalen mit Essig ergaben einen eher rötlichen Ton. Laut mittelalterlichem Verständnis waren Eier „flüssiges Fleisch" und fielen somit unter das Fastengebot. Um geweihte von gewöhnlichen Eiern unterscheiden zu können, wurden sie rot gefärbt. Sie sollten die Menschen an das Blut Jesu erinnern.

Das Färben der Eier könnte auch auf eine Abgabeverordnung aus dem Ende des 8. Jahrhunderts zurückzuführen sein. Die Bauern hatten damals sowohl an die weltliche als auch an die geistliche Herrschaft einen Teil ihrer Eier als eine Art Zins abzugeben. Damit man sie besser von den „eigenen" unterscheiden konnte, wurden sie eingefärbt. Schon seit dem 9. Jahrhundert findet man in entsprechenden Rechtsurkunden österliche Eierzinsen belegt. Bauern bezahlten auf diese Art ihre Mägde und Gesellen und die Kirchen und Klöster ihre Mitarbeiter.

Übrigens ...

Das Wort „Kirche" stammt aus dem Griechischen und bedeutet „zum Herrn gehörend".

Bundesrekordblik Deutschland

In der Weihnachtszeit werden nicht nur die meisten Kinder gezeugt, in Deutschland steigt im Dezember auch der Alkoholkonsum um über 35 Prozent. Dazu nimmt im Durchschnitt jeder Deutsche über die Feiertage zwischen 300 Gramm und zwei Kilo an Gewicht zu. Sicher ist auch die eine oder andere Leckerei mit daran schuld – denn jedes Jahr werden bei uns rund 150 Millionen Nikoläuse, Engel und Weihnachtsmänner vernascht. Und noch ein Rekord: 98 Prozent der Kerzen werden von Frauen gekauft.

Schwere Literatur!

Die sogenannte Waynai Bible ist die größte Bibel der Welt: Sie ist komplett aus Holz und jede ihrer 8.048 Seiten ist 1,10 Meter hoch und 2,44 Meter breit. Das in Los Angeles von 1928 bis 1930 vom Tischler Louis Waynai hergestellte Buch hat ein Gesamtgewicht von mehr als einer halben Tonne. Imposante Dimensionen!

Du sollst keine anderen Götter neben mir haben

Der einzige Planet unseres Sonnensystems, der nicht nach einem Gott benannt ist? Unser Planet, die Erde.

Darf ich? Leiter nein!

An der Hauptfassade der Grabeskirche in Jerusalem lehnt über dem Doppelportal auf einem breiten Sims an der Wand die sogenannte „unbewegliche Leiter". Die Grabeskirche geht zurück auf das 12. Jahrhundert, als Kreuzfahrer den in der Antike errichteten Bau erweiterten. Im Verlauf der Jahrhunderte war das Gotteshaus immer wieder Schauplatz von Auseinandersetzungen, besonders zwischen orthodoxen und katholischen Ordensleuten – beispielsweise darüber, wer wann und wo in der Kirche seine Gottesdienste feiern durfte. 1757 lag Jerusalem im Osmanischen Reich und Sultan Osman III. erließ ein Dekret, das die Streitereien um das Heiligtum endgültig beenden sollte. Jeder Konfession wurden eigene Bereiche und Gebetszeiten zugewiesen. Dieser Status quo durfte von nun an nur noch im Einvernehmen aller geändert werden. Seitdem soll die kurze, fünfsprossige Leiter dort unberührt stehen.

Du kummst hia net rein!

Die vatikanische Staatsbürgerschaft erhält man nicht durch Geburt und man kann sie auch nicht erwerben. Alle, die im Vatikan bei der Kirche angestellt sind, sind vatikanische Staatsbürger auf Zeit – das können normale Bedienstete sein, aber auch Diplomaten oder Kardinäle. Ist die Tätigkeit im Vatikan beendet, erlischt entsprechend die Staatsbürgerschaft. Etwa 800 Personen leben im Vatikan, davon besitzen etwas mehr als zwei Drittel die Staatsbürgerschaft – unter anderem auch die rund 100 Schweizer Gardisten.

Weshalb haben so viele Menschen an Silvester 'nen Knall?

Schon die alten Römer haben eine Menge Krach und Rabatz gemacht, um böse Geister und Dämonen und andere dunkle Kräfte zu vertreiben – und haben damit gleichzeitig das neue Jahr willkommen geheißen. Soldaten im Dreißigjährigen Krieg haben am 31.12. mit Schwarzpulver geschossen – Feuerwerk und die Böller haben wohl daher ihren Ursprung. Aus dieser Tradition heraus sind schließlich die Schützenvereine entstanden. Weil aber die Obrigkeit wegen der vielen unkontrollierbaren Schießereien immer mehr Verbote hat aussprechen müssen, sind schließlich die kleinen Kracher und Silvesterraketen entstanden, wie wir sie heute noch kennen. Und seitdem heißt es: The same procedure as every year!

Die Ausbreitung des Christentums

Zu Zeiten Jesu fanden sich erste Anhänger in den Gebieten um Nazareth sowie in mehreren Orten um den See Genezareth, danach in Galiläa und Judäa. Nach seinem Tod verbreitete sich der christliche Glaube erst in den östlichen Mittelmeerländern, bis schließlich die Christianisierung des gesamten Römischen Reiches erfolgte. Zwischen dem 9. und 11. Jahrhundert etablierte sich das Christentum auch in den nördlichen Regionen Europas. Für die Ausbreitung nach Osteuropa war die orthodoxe Kirche maßgeblich verantwortlich. Der Kolonialismus tat später sein Übriges, sodass zahlreiche Länder in Nord- und Südamerika sowie in Afrika mehrheitlich christlich geprägt wurden.

Jesus, Maria und Josef!

Der Name Jesus ist die griechische Form von Jeschua: Gott schafft Heil. Erst seit dem Jahr 1998 ist der Vorname Jesus in Deutschland offiziell erlaubt und zugelassen. Der erste Jesus ist nun also bereits schon einige Jahre volljährig.

Maria ist die lateinische Form des hebräischen Namens Mirjam – Gott ist mein Herr bzw. auch Geschenk Gottes. Der biblische Vorname Josef ist hebräischer Herkunft und hat die Bedeutung: Gott möge vermehren bzw. Gott möge einen Sohn hinzufügen.

Bis zum Mittelalter war Josef ein gebräuchlicher jüdischer Vorname, während er bei den Christen weniger häufig vorkam. Dies änderte sich im Mittelalter, und inzwischen wird er immer beliebter.

Wann feierte man früher Weihnachten?

Ursprünglich gab es neben dem Fest der Auferstehung an Ostern nur das Fest der Erscheinung des Herrn am 6. Januar – als die drei Weisen aus dem Morgenland zur Krippe kamen.

Schon im Alten Testament steht auf Jesus bezogen: „Alle Könige werden ihn anbeten; alle Heiden werden ihm dienen" (Psalm 72,11) – deshalb werden die drei seit dem 5. Jahrhundert offiziell als Könige bezeichnet. Eigentlich feiern wir aber nicht sie, sondern die Anbetung des Kindes – die Erscheinung des Herrn. Und das wurde früher entsprechend als Gabenfest gefeiert.

Drei, drei, drei – die Bibelleserei!

Um die Bibel von vorne bis hinten nonstop durchzulesen, würde man ungefähr 120 Stunden benötigen. Wer etwas mehr Zeit hat und sich auf ein Kapitel pro Tag beschränkt, bräuchte dafür drei Jahre, drei Monate und drei Tage.

Bewässerungsprogramm

Die Taufe gilt als Geschenk Gottes und äußeres Zeichen der Aufnahme in die christliche Gemeinde. Sie wird durch Begießen des Kopfes mit Wasser vollzogen – oft auch durch komplettes Untertauchen, um den Charakter der Reinigung und des Neuanfangs zu dokumentieren. Die Taufe ist in der evangelischen und katholischen Kirche ein Sakrament.

Oft wurden ganze Häuser bzw. Hausgemeinschaften auf einmal getauft – Familien samt ihren Kindern sowie die dazugehörigen Knechte und Mägde. Ab dem 3. Jahrhundert ist die Kindertaufe aufgekommen, wie wir sie heute kennen.

Übrigens ...

Pro Tag werden weltweit rund 85.000 Menschen getauft.

Kirmes? Wo kommt das denn her?

Kirmes ist die Ableitung von Kirmess (Kirchmesse) – man sagt auch Kärwa, Kirbe oder Kirwe. Es war ursprünglich ein kirchlicher Feiertag zur Erinnerung an die Weihe des örtlichen Gotteshauses. Seinen Ursprung hat er in der jüdischen Tempelweihe. Früher wurde Kirchweih immer am Namenstag des jeweiligen Kirchenpatrons (Schutzheiligen) abgehalten. So feierte jeder Ort an einem anderen Termin und die vielen Feste nahmen einfach kein Ende – deshalb hat man einen gemeinsamen Tag gesucht. Und so hat man sich auf eine kurze Pause im Wachstumskreislauf geeinigt: Die Herbsternte war eingefahren und das Wintergetreide gesät – jetzt hatte man ein wenig Zeit, um durchzuschnaufen, Spaß zu haben und kräftig zu feiern. Viele Bauernmärkte und Volksfeste sind daraus entstanden.

Geheimzeichen Fisch

Der Fisch ist eines der ältesten Symbole des Christentums, mit dem sich bereits die ersten Christen in Rom zur Zeit der Christenverfolgungen untereinander zu erkennen gaben. Damit wurden auch Treffpunkte heimlich markiert.

Das griechische Wort für Fisch ist „ichthys". Das ist ein sogenanntes Apronym – denn jeder einzelne Buchstabe steht für ein Wort. Es lautet „Iesus Christos Theos Yiós Soter" und bedeutet „Jesus Christus, Gottes Sohn, Retter".

Ganz schön vers-iert!

Der längste Vers in der Bibel besteht aus rund 80 Wörtern – man findet ihn im Buch Esther 8,9. Den Rekord mit dem kürzesten Vers hält Johannes 11,35 mit den folgenden zwei Wörtern: „Jesus weinte".

Si, si, ... Silvester!

Von Papst Silvester I. hat der Jahresausklang seinen Namen – er hat in seiner Amtszeit das Christentum zur römischen Staatsreligion gemacht. Bis dahin wurden die Christen schwer verfolgt. Aber auf Initiative von Kaiser Konstantin des Großen hin ist der grundlegende Friedensschluss zwischen dem Römischen Reich und dem Christentum zustande gekommen.

Silvester hat viele Kapellen und Kirchen bauen lassen, darunter so berühmte wie Alt-St. Peter, die Vorgänger-Basilika des heutigen Petersdoms, oder die Lateransbasilika in Rom. Am 31. Dezember 335 ist er gestorben. Und weil er heiliggesprochen wurde und sich die Heiligenfeste immer nach dem entsprechenden Sterbetag richten, feiern wir heute am letzten Tag des Jahres den nach ihm benannten Tag: Silvester.

Was es nicht alles für Weihnachtsbräuche gibt ...

In Portugal lässt man nach dem Weihnachtsessen für die verstorbenen Familienmitglieder etwas getrockneten Kabeljau und Königskuchen auf dem Tisch stehen. Sechs von zehn britische Hunde bekommen an Weihnachten von ihren Besitzern ein Geschenk. In Indien wird in manchen Regionen ein Mangobaum als Weihnachtsbaum aufgestellt und das Familienoberhaupt erhält als Zeichen der Ehrerbietung eine Zitrone. In der Ukraine schmückt man den Weihnachtsbaum u. a. mit einer künstlichen Spinne – und wenn sich am Weihnachtsmorgen ein Spinnennetz findet, soll das entsprechend Glück bringen. Aufgrund einer alten Tradition gehen viele Finnen in die Sauna, weil sie denken, dass dort auch ihre toten Familienangehörigen anwesend sind – nach dem Schwitzen wartet man dann in der guten Stube auf den Weihnachtsmann. Wer in Norwegen arbeitet, muss im Dezember nur die Hälfte der Einkommenssteuer bezahlen – das sogenannte „Weihnachtssteuergeld" macht's möglich. Und in den Häusern werden traditionell die Haushaltsbesen versteckt, damit Hexen und böse Geister diese nicht entwenden können. In Caracas besuchen viele den Gottesdienst auf Rollschuhen. In der venezolanischen Hauptstadt gibt es in den Kirchen dann zur Belohnung gedämpfte und mit Reis gefüllte Maisteig-Rollen. Pray'n'roll!

Übrigens ...
Kinder brauchten zu keiner Zeit zu fasten.

Na, auch schon einmal Palmesel gewesen?

Im 13. Jahrhundert hat sich am Palmsonntag der Brauch entwickelt, beim Umzug durch die Straßen der Stadt einen hölzernen Esel samt Christus – den sogenannten Palmesel – auf einem kleinen Holzwagen mitzuführen. Das hatte fürs einfache Volk eine große Aussagekraft. Im Laufe der Zeit artete das Ganze aber immer mehr aus – es haben sich immer mehr Geistliche selbst auf den Esel gesetzt und die Bürger haben ihr Vieh und die Haustiere mit zur Kirche gebracht. Bis schließlich die Reformatoren „diese Abgötterei" verboten haben. Daraufhin wurden die meisten Holzesel verbrannt oder im örtlichen Weiher versenkt.

Als Palmesel wird heutzutage im Familienkreis auch derjenige bezeichnet, welcher am Palmsonntagmorgen als Letzter aus dem Bett kommt.

Rekordissimo!

Die längste Kirche der Welt ist der Petersdom in Rom mit insgesamt 211 Metern. Die größte Kirchenkuppel befindet sich auf dem Dom Santa Maria del Fiore in Florenz – der Durchmesser beträgt 45 Meter. Der um 340 erbaute Trierer Dom gilt als die älteste Kirche Deutschlands.

Hoch und heilig versprochen ...

Die drei Weisen aus dem Morgenland, die vom Stern zur Krippe geleitet wurden, auch bekannt als die Heiligen Drei Könige, waren sogenannte „mágoi" (Magier), also Naturwissenschaftler bzw. Sternkundige, die sich gut mit Astronomie und Astrologie auskannten; das gehörte damals noch zusammen.

Sie waren keine Könige und sind übrigens auch keine Heiligen – sie wurden niemals heiliggesprochen.

Die Waffen Christi – gibt's die denn wirklich?

Passionswerkzeuge (lat. Arma Christi = Waffen Christi) nennt man die sogenannten Leidenswerkzeuge Jesu – also all die Dinge, die rund um Jesu Tod eine Rolle spielten: Kreuz, INRI-Schild, Leiter, Nägel, Fesseln, Lanze, Dornenkrone, Geißel, Rute, Essigschwamm, ... Rund 30 sind es insgesamt. Darunter auch solche, die eigentlich nur zum Randgeschehen gehören, wie Hahn, Zangen zum Binden der Dornenzweige, Würfel, Geldstücke, Schweißtuch oder das Felsengrab.

Diese Passionswerkzeuge werden (u. a. bei den Katholiken) als Waffen gegen Sünde und Tod angesehen, deshalb gelten sie auch als Siegeszeichen.

Drei gleich eins – und eins ist drei!

Das Fest Trinitatis ist vor allem bei uns in Westeuropa bekannt. Als jüngstes unter den kirchlichen Festen wird es immer am ersten Sonntag nach Pfingsten begangen. Trinitatis heißt übersetzt *Dreifaltigkeit* bzw. *Dreieinigkeit*. Es ist das Fest zu Ehren des Dreieinigen Gottes: Vater, Sohn und Heiliger Geist.

Manche Ausleger vertreten die These, dass man die Dreieinigkeit schon im Alten Testament erkennen kann. Im 1. Buch Mose steht für Gott der Plural „Elohim" sowie mehrmals das Wort „uns". Da es im Hebräischen drei Pluralformen gibt (Einzahl, Dual und Mehrzahl – wobei der Dual nur für Dinge in Paaren verwendet wird, wie Augen oder Beine), muss sich das Fürwort „uns" auf mehr als zwei beziehen.

Ein Kapitel für sich

Das kürzeste Kapitel der Bibel ist Psalm 117, er besteht aus nur 2 Versen. Das längste Kapitel ist Psalm 119 mit 176 Versen. Die ganze Bibel umfasst insgesamt 1.189 Kapitel, wobei Psalm 118 genau in der Mitte liegt. Davor und danach liegen jeweils exakt 594 Kapitel.

Übrigens ...

Bis ins 20. Jahrhundert wurden katholische Gottesdienste in Latein abgehalten.

Das älteste? Das bekannteste?

Das älteste Weihnachtslied „Es kommt ein Schiff geladen ..." stammt vom Dominikanermönch Johannes Tauler (1300–1371). Und das weltweit populärste heißt „Stille Nacht" – es ist am 24. Dezember 1818 in der Sankt-Nikolai-Kirche in Oberndorf bei Salzburg zum ersten Mal gesungen wurden.

Weil mittags die Orgel ausgefallen war, hat der Hilfspriester dem Organisten ein Gedicht gezeigt, welches er zwei Jahre vorher geschrieben hatte; daraufhin hat dieser dazu eine Melodie komponiert. Am Abend haben sie das Ganze mit Gitarre vorgetragen. Heute ist „Stille Nacht" in mehr als 300 Sprachen übersetzt.

US-Amerikaner glauben bis heute mehrheitlich, dass dieses inzwischen weltweit bekannteste Weihnachtslied „Silent Night, Holy Night" ein altes amerikanisches Volkslied sei.

Esel statt Pferd

Am Palmsonntag, dem letzten Sonntag vor dem Osterfest, beginnt die Karwoche. An diesem Tag brachten die Jünger einen jungen Esel zu Jesus und legten ihre Kleider auf das Tier. Er setzte sich darauf und zog so durch das Stadttor in Jerusalem ein.

Die Mächtigen ritten damals immer „hoch zu Ross" – die Pferde Roms und Ägyptens sind ein Bild für weltlichen Hochmut und Macht. Doch Jesus hat sich beim Einzug in Jerusalem mit dem Ritt auf einem Esel symbolisch erniedrigt. Und er hat damit gezeigt, dass ihm alles Kriegerische fehlt.

Mer losse d'r Dom en Kölle

Der Kölner Dom wurde ab dem Mittelalter zu einem ganz besonderen Anziehungspunkt der Christenheit, als man 1164 die angeblichen Gebeine der drei Weisen in dem extra dafür angefertigten „Dreikönigsschrein" unterbrachte. Kaiser Konstantins Mutter Helena soll sie um 326 in Palästina entdeckt und mit nach Konstantinopel genommen haben – später sind sie dann als Geschenk nach Mailand gelangt. Von dort aus hat sie Rainald von Dassel, der Kölner Erzbischof und Reichskanzler von Stauferkaiser Barbarossa, als Kriegsbeute nach Köln überführt.

Köln wurde nach Rom und Santiago de Compostela zum drittgrößten Wallfahrtsort – so begann 1248 der Ausbau des Gotteshauses zum heutigen Kölner Dom. Drei Kronen, die für die Heiligen Drei Könige stehen, schmücken noch heute das Wappen der Stadt Köln.

Leckerschmecker!

Die Passionsblume ist eine hochrankende Tropenpflanze, die einst den Namen Passiflora erhalten hat. Ende des 16. Jahrhunderts soll sie von spanischen Eroberern aus Brasilien und Peru nach Europa gekommen sein. Die Passionsblume hat viele große Blüten, deren Kelchblätter mit der Dornenkrone Christi verglichen werden: die fünf Staubblätter bzw. Staubbeutel mit den Wundmalen, die Dolde mit dem Schwamm und der dreiteilige, an der Spitze verdickte Griffel mit den drei Nägeln der Kreuzigung. Die Früchte der Passionsblume sind sehr nahrhaft und beliebt – man kann sie überall bei uns kaufen. Es ist die ... Maracuja!

Freitag, der 13.

Pro Jahr gibt es diese Kombination mindestens einmal, aber höchstens dreimal. Rund 10 Prozent der Deutschen haben an einem Freitag, dem 13. ein mulmiges Gefühl und sind an diesem Tag besonders achtsam.

Eine genaue Erklärung für den Ursprung des Aberglaubens gibt es nicht – neben den unterschiedlichsten Theorien könnte aber eventuell auch die Bibel eine kleine Rolle spielen. Denn schon Adam und Eva sollen an einem Freitag von der verbotenen Frucht gegessen und so die Sünde in die Welt gebracht haben. Und Jesus wurde am Karfreitag gekreuzigt. Beim letzten Abendmahl saßen 13 Menschen am Tisch – der 13. war Judas, der Jesus dann am Abend an die Römer verriet. Die 13 gilt zudem im Volksmund auch als das sogenannte „Dutzend des Teufels".

Fast schon eine ganz eigene Reliquion ...

Reliquien (lat. für Überbleibsel) sind alle Dinge, die eine heilige Person nach ihrem Tod zurücklässt – z. B. Gegenstände, Kleidungsstücke sowie auch Haare und Knochen bzw. Gebeine. Es gibt aber auch sogenannte Berührungsreliquien. Gewachsen ist daraus ein intensives Wallfahrtswesen. Die Heiligenverehrung ist biblisch nur schwer zu begründen. Die Reformatoren wandten sich gegen Missbrauch und lehnten die Mittlerrolle der Heiligen ab – verstanden diese aber durchaus als Vorbilder des Glaubens. Evangelische Christen halten sich allein an Jesus Christus.

Nomen est omen?

Noah gehört seit den 1990er-Jahren zu den beliebtesten Jungennamen in Deutschland. Der Name bedeutet „Ruhe- und Trostbringer". Gott hat ihm den Bau der Arche Noah aufgetragen – und zusammen mit seiner Familie sowie je einem Tierpaar hat er die Sintflut an Bord des großen Holzschiffes erlebt und überlebt.

Ich weiß ein Lied davon zu singen ...

Eine der schönsten Traditionen in der Advents- und Weihnachtszeit ist das Hören und Singen von Weihnachtsliedern. Der mit über 55 Millionen Exemplaren meistverkaufte Weihnachtsklassiker ist „White Christmas" vom jüdischen Komponisten Irving Berlin – in seiner bekanntesten Version 1947 von Bing Crosby gesungen. Das beliebte Lied wurde im Jahr 1942 zum allerersten Mal gespielt.

Das weltweit längste Weihnachtslied ist das „Heiligobndlied" aus dem sächsischen Erzgebirge. Es würde knapp mehr als 60 Minuten dauern, um alle 156 Strophen zu singen.

Das erste Weihnachtslied, das im Weltall gespielt wurde, war „Jingle Bells" von James Pierpont – er hat es bereits 1857 geschrieben, der Titel hieß damals noch „The One Horse Open Sleigh".

Warum heißt der Palmsonntag Palmsonntag?

Bei seinem Einzug in Jerusalem legte das Volk vor dem auf einem Esel reitenden Jesus Kleider und Palmzweige auf den Weg. So verfuhr man seinerzeit nur mit Königen. Der Palmzweig war schon in der griechischen Sagenwelt ein Symbol für Triumph und Sieg, aber auch für Frieden und Leben.

Seit dem 6. Jahrhundert werden Palmprozessionen gefeiert – und weil bei uns keine Palmen wachsen, hat man diese durch einheimische Pflanzen ersetzt: Palmkätzchen, Tannen- oder Haselnusszweige, Buchsbaum und Wacholder.

Guten Rrrrutsch!

Am 31. Dezember ist Altjahrabend – man trifft sich mit der Familie und mit Freunden, um gemeinsam ins neue Jahr zu rutschen. Das Wort hat seinen Ursprung wahrscheinlich im jüdischen Neujahrsfest „Rosch Haschana" – was so viel bedeutet wie „Kopf vom Jahr" bzw. „Anfang vom Jahr". Im Laufe der Zeit ist aus dem Rosch ein Rutsch geworden.

Übrigens ...

In den USA gibt es mehr als 200 verschiedene christliche Richtungen bzw. Glaubensgemeinschaften.

In einem Land vor unserer Zeit ...

Juden glauben, dass Gott im Jahr 3761 v. Chr. die Welt erschuf – viele nehmen noch heute dieses Datum als Basis für ihre Zeitzählung. In der Königszeit der Israeliten bürgerte sich die Zählung nach den Regierungszeiten der Könige von Israel und Juda ein. Die Römer orientierten sich nach der legendären Gründung Roms, die der Schriftsteller Marcus Terentius Varro ins Jahr 753 v. Chr. legte.

Geistliche Hausapotheke

Zwischen dem 18. und 20. Jahrhundert waren sogenannte Esszettel populär – diese waren mit Gebeten, Bibelversen, Heiligennamen oder auch persönlichen Daten versehen und sollten zerkaut und heruntergeschluckt gegen Krankheiten helfen. Auch Tieren wurden entsprechende Fresszettel ins Futter gemischt.

Es gab auch rund 2 x 2 cm kleine Schluckbildchen mit biblischen Motiven und völlig ohne Text, die als religiöse Volksmedizin verwendet wurden. Ganz nach eigenem Geschmack ...

Ein Mann, ein Wort

Wegen eines Übersetzungsfehlers trug Moses früher immer Hörner, wenn er von Gott zurückkam. Das hebräische „keren" jedoch bedeutet sowohl Horn als auch Strahl.

In neueren Bibelübersetzungen wurden die entsprechenden Textstellen inzwischen korrigiert.

Mit Haut und Haar

Mönche haben sich mit Haut und Haar komplett für ein Leben mit Jesus entschieden. Eines ihrer äußeren Zeichen ist die sogenannte Tonsur – nämlich eine kreisrund kahlgeschorene Stelle auf dem Kopf. Diese Frisur ist eine Nachahmung und somit bildliche Darstellung der Dornenkrone Christi.

Manche Forscher kommen heute zu dem Ergebnis, dass die Dornenkrone Jesu kein Kranz war, sondern eine Haube, die den gesamten Schädel umhüllte.

Grün, grün, grün sind alle meine ... Nadeln

Tatsächlich hängt die Tradition des Weihnachtsbaums auch eng mit seiner Farbe zusammen. Grün symbolisiert Hoffnung und Leben. In der Bibel heißt es im Buch Hosea: „Ich will sein wie eine grünende Tanne; von mir erhältst du deine Früchte." Als deutliches Bild der unwandelbaren Treue Gottes wird die Tanne hier gesehen und gebraucht.

Der immergrüne, pyramidenförmig gewachsene Nadelbaum zeigt mit der Spitze nach oben zum Himmel – und bringt so die Hoffnung und Hinwendung auf den lebendigen Herrn zum Ausdruck.

Warum nur so kompliziert?

In der atheistischen DDR waren früher christliche Begriffe nicht gern gesehen – deshalb versuchte man das Ganze mit teilweise sehr kuriosen Umschreibungen zu umgehen.

So hieß der Weihnachtsengel Jahresendpuppe, Jahresendflügelpuppe, Jahresendflügelfigur, Jahresendflügelwesen oder auch Jahresendfigur m. F. (mit Flügeln). Und die Jahresendfigur o. F. (ohne Flügel) bezeichnete den Weihnachtsmann.

Immer sparsam sein ...

Knapp über 50 Prozent der Deutschen heben das benutzte weihnachtliche Geschenkpapier auf, um es noch einmal zu verwenden.

Bau in Rekordzeit

1248 wurde vom Kölner Erzbischof Rainald von Dassel der Grundstein für den Ausbau des Kölner Doms zur heutigen Gestalt und Größe gelegt. Erst im Jahr 1880 wurde der Bau vollendet – es war damals das höchste Gebäude der Welt.

Mit sagenhaften 632 Jahren hält der Kölner Dom somit den absoluten Rekord für die längsten Bauarbeiten aller Zeiten.

Übrigens ...

Das Gebet „Vater unser" haben alle Christen der Welt gemeinsam – es ist in sämtliche Sprachen übersetzt.

Heiß umstritten

Der großen Angst vor dem Fegefeuer verdanken zahlreiche katholische Kirchen ihre pompöse und äußerst wertvolle Ausstattung.

Reiche Bürger stifteten kleine und große Bilder, wertvolle Figuren aus Holz und Marmor, ließen Altäre bauen und sogar ganze Kapellen – und erhofften sich dadurch einen sicheren Platz im Jenseits erkaufen zu können. Vieles spendete man aber auch ganz ohne Hintergedanken einfach nur aus Ehrfurcht und aus Dankbarkeit.

Komm du erst mal in mein Alter!

Einige der biblischen Urväter zeugten noch im hohen – nein, im sehr, sehr hohen – Alter Nachwuchs. Adam zeugte mit 130 Jahren Seth. Seth zeugte mit 105 Jahren Enos. Abraham zeugte mit 100 Jahren Isaak. Methusalem zeugte mit 187 Jahren Lamech. Lamech zeugte mit 182 Jahren Noah. Noah zeugte mit 500 Jahren Sem, Ham und Japhet.

Hase schlägt Weihnachtsmann

Jährlich werden in Deutschland rund 240 Millionen Schokohasen produziert – die Hälfte davon wird ins Ausland exportiert. Bei den Weihnachtsmännern hingegen kommen nur 165 Millionen Exemplare aus den Fabriken.

Somit sind die Mümmelmänner eindeutig auf Platz eins. Am beliebtesten ist übrigens jeweils nicht die Zartbitter-, sondern eindeutig die Vollmilchschokolade.

Warum gibt es dreimal im Jahr einen zweiten Feiertag?

Bei Ostern, Pfingsten und Weihnachten handelt es sich um die höchsten christlichen Feste. Weil früher das Reisen ziemlich mühsam war und die Verwandtschaft oft von weit her kam, wurde für diese besonderen Feste ein zweiter arbeitsfreier Tag eingeführt, damit im Kreise der Familie diese Zeit stressfrei genossen werden kann und die entsprechenden Gottesdienste zusammen besucht werden können. Noch heute sind die christlichen Feiertage als „Tage der Arbeitsruhe" und der „seelischen Erhebung" durch das Grundgesetz geschützt.

Übrigens ...

Eine Studie hat ergeben, dass Gottesdienste den Blutdruck senken. Andachten tun also erwiesenermaßen nicht nur Geist und Seele, sondern dem ganzen Körper gut.

Was haben Bischöfe eigentlich auf dem Kopf?

Die Mitra ist eine spitz nach oben zulaufende, gespaltene Kopfbedeckung, die wie ein geöffnetes Fischmaul aussieht. Sie ist auf beiden Seiten mit einem großen Kreuz versehen. Die zwei zum Himmel weisenden Enden werden mit dem Neuen und dem Alten Testament in Verbindung gebracht.

Manche Ausleger sehen hier auch eine Verbindung zum gehörnten Mose, als er vom Berg Sinai herabstieg.

Andere Länder ...,
andere Gabenbringer

In den Niederlanden gibt es die Geschenke bereits am Nikolausabend, denn da kommt Sinterklaas vorbei. Der finnische Weihnachtsmann heißt Joulupukki – seine Frau Joulumuori. In China wird tatsächlich der Weihnachtsmann mit dem Namen Dun Che Lao Ren immer beliebter. In Kanada und in den USA warten alle am 25. Dezember auf Santa Claus, der mit seinem Schlitten und den Rentieren unterwegs ist – man stellt ihm einen Teller Kekse und Milch hin. Das Christkind ist in Amerika übrigens völlig unbekannt. Bei unseren französischen Nachbarn gibt es den sogenannten Bells Nichols – den Bruder vom Weihnachtsmann. Er besucht die Familien an Silvester, und wenn alle eingeschlafen sind, füllt er die hingestellten Teller mit allerlei Kuchen und Gebäck.

In Italien bringt die freundliche Hexe Befana, die auf der Suche nach dem Jesuskind ist, erst in der Nacht vor dem 6. Januar die Geschenke.

Glauben ist Privatsache

In den USA kann jeder seine eigene Kirche gründen. Weil Staat und Religion streng voneinander getrennt sind, verklagen sogar hin und wieder Bürgerrechtsgruppen Städte und Gemeinden, die beispielsweise die zehn Gebote auf festen Denkmälern der Öffentlichkeit präsentieren. Bei Volkszählungen und Bewerbungen wird auch nicht nach der Religionszugehörigkeit gefragt.

David gegen Goliath

Goliath starb nicht so, wie sich die meisten vermeintlich erinnern.

In einer der bekanntesten Geschichten der Bibel stand der mutige israelitische Hirtenknabe David, nur mit einer Schleuder bewaffnet, dem Soldaten Goliath gegenüber – einem riesengroßen starken Kämpfer des angreifenden Philisterheeres.

David nahm einen Stein aus seiner Tasche und traf den Riesen an seiner Stirn, sodass er zu Boden fiel. Goliath starb aber erst durch sein eigenes Schwert, das ihm David abnahm und ihm damit den Kopf abschlug.

Vom Büßen und Beten

Schon zu Zeiten des Alten Testaments wurde bei großen Notlagen das gesamte Volk zur Trauer und Buße aufgerufen. Seit 1995 ist der einst arbeitsfreie Buß- und Bettag am Mittwoch vor dem letzten Sonntag des Kirchenjahres (Ewigkeitssonntag) zur Finanzierung der Pflegeversicherung nicht mehr arbeitsfrei. Aber viele Kirchengemeinden feiern ihn weiterhin mit Gottesdiensten und Andachten am Abend – aus Rücksicht auf die arbeitende Bevölkerung.

Martin Luther jedoch sagte: Beten und Buße tun darf nicht an einen einzigen Tag gebunden sein – man hat dazu immer die Möglichkeit. Schon die erste seiner 95 Thesen lautet: „Indem unser Herr und Meister Jesus Christus sagte: ‚Tut Buße, das Himmelreich ist nahe herbeigekommen' wollte er, dass das ganze Leben der Glaubenden eine Buße sei."

Was feiert man wirklich am Vatertag?

Der sogenannte „Vatertag" heißt eigentlich Christi Himmelfahrt. Denn Jesus ist nach seinem Tod endgültig aufgefahren gen Himmel, heim zum Vater. Dieser Feiertag wird immer am Donnerstag nach dem 5. Sonntag nach Ostern begangen. Seit dem 4. Jahrhundert kennt man in der römischen Kirche den Montag, Dienstag und Mittwoch vor Christi Himmelfahrt als sogenannte Bitttage. Um das Jahr 800 wurden von Papst Leo III. die Bittprozessionen offiziell eingeführt. Hier wird an Bildstöcken (Marterln), Wegkreuzen und Feldkapellen für eine gute Ernte gebetet. Diese Flurprozessionen enden mit Musik und Tanz, Speis und Trank. Im Mittelalter spielte bei den Bittprozessionen oftmals der Alkohol eine wesentlich größere Rolle als das Weihwasser. Daraus entwickelten sich im 19. Jahrhundert die sogenannten „Herrenpartien" – woraus schließlich der uns heute bekannte Vatertag mit all seinen weltlichen Auswüchsen wurde.

Wie lange dauert eigentlich die Weihnachtszeit?

Die Weihnachtszeit beginnt am 24. Dezember mit dem Heiligen Abend und endet am 6. Januar, dem Dreikönigstag. Bereits im Jahr 813 erklärte die *Mainzer Synode* den 25. Dezember offiziell zum „festum nativitas Christi" – zum Tag von Jesu Geburt und allgemeinen Feiertag.

Haste Töne?

Die Orgel galt einst für die Christen als Teufelswerkzeug. Denn im alten Rom sorgte sie in den Arenen für die musikalische Untermalung von blutigen Kämpfen, und die ersten Christen wurden im Kolosseum bei lautem Orgelklang wilden Tieren zum Fraß vorgeworfen. Kaiser Nero führte diese Klangmaschine des Griechen Ktesibios (ca. 246 v. Chr.) ein. Nach dem Untergang des Römischen Reiches geriet die Orgel für fast sieben Jahrhunderte in Vergessenheit. Um das Jahr 757 machte Kaiser Konstantinos V. von Kopronymos dem König der Franken, Pippin dem Jüngeren, eine Orgel zum Geschenk. Immer mehr Klöster und Kirchen ließen sich eine solche bauen, schließlich ernannte die Synode von Mailand die Orgel zum einzig wahren Gottesdienstinstrument. Die orthodoxe Ostkirche setzt wegen der negativen Vergangenheit der Orgel bis heute nur auf reinen Gesang.

Biblisches aus der Matrix

Im zweiten Matrix-Film hat das Fahrzeug von Agent Smith (auf Deutsch: Schmied) das Kennzeichen „IS 5416". Dies bezieht sich auf das Buch Jesaja aus der Bibel – darin heißt es in Kapitel 54, Vers 16: „Siehe, ich habe den Schmied geschaffen, der die Kohlen im Feuer anbläst und Waffen macht nach seinem Handwerk; und ich habe auch den Verderber geschaffen, um zu vernichten."

Tot oder lebendig?

Der Begriff Lazarett leitet sich vom biblischen Lazarus ab, der bereits gestorben war, als Jesus ihn nach vier Tagen wieder auferweckte – also lebendig machte. Das „L" aus Lazarus kommt vom hebräischen El'āzār – Gott hat geholfen.

Als Lazarus-Phänomen versteht man in der Medizin vorrangig das spontane Wiedereinsetzen einer Kreislauffunktion bei bereits für tot gehaltenen Patienten – man verwendet den Begriff aber auch bei scheinbaren Lebenszeichen bei hirntoten Patienten. Wenn Biologen vom sogenannten Lazarus-Effekt sprechen, bezeichnen sie damit die Wiederauffindung von Tierarten, die als ausgestorben galten.

Warum heißt der Christstollen so?

Ein Christstollen besteht aus Butter, Eier, Hefe und Milch. Dazu kommen in Rum getränkte Rosinen, Sultaninen und Korinthen, Zitronat und Orangeat sowie Nüsse, Mandeln und Marzipan. Der weiße Zuckermantel und die Form sollen an das in Windeln gewickelte neugeborene Jesuskind erinnern.

Die hat 'nen Schlag!

In der Kathedrale der Erlösung des rumänischen Volkes (Catedrala Mântuirii Neamului Românesc), der größten orthodoxen Kirche der Welt, befindet sich auch die weltweit größte freischwingende Glocke – sie wiegt 25 Tonnen. Die tontiefste freischwingende Glocke der Welt jedoch ist die sogenannte Petersglocke im Kölner Dom. Der „Decke Pitter" (Dicker Peter), wie sie im Volksmund genannt wird, ist die einzige mit dem Schlagton c0. Sie wurde 1923 gegossen, wiegt 24 Tonnen und hat einen Durchmesser von 3,22 Metern. Allein der Klöppel hat ein Gewicht von 600 kg.

Was bedeuten eigentlich die Farben der Ostereier?

Die beim Bemalen benutzten Farben haben in vielen Regionen folgende Bedeutung: Gelb steht für den Wunsch nach Erleuchtung und Weisheit. Grün steht für Jugend und Unschuld. Orange steht für Kraft, Ausdauer und Ehrgeiz. Rot symbolisiert den Opfertod Christi. Und Weiß ist die Farbe der Reinheit.

Grenzenloser Grenzverkehr

Der Vatikan darf der Europäischen Union nicht beitreten, weil er keine Demokratie ist. Die EU-Außengrenze ist nicht sichtbar und es gibt auch keinerlei Kontrollen – die Grenze ist das ganze Jahr über Tag und Nacht geöffnet und man kann den Petersplatz problemlos betreten.

Offizielles Zahlungsmittel ist der Euro, der dank eines Vertrages mit Italien sogar mit dem Wappen des Papstes geprägt werden darf.

12 – eine besondere Zahl

Die Zahl 12 gilt in der Bibel als Zahl der Vollkommenheit: Jakob hatte zwölf Söhne, aus denen die zwölf Stämme Israels wurden. Es gab die zwölf Apostel, und es wird berichtet von den zwölf Grundsteinen und zwölf Toren des himmlischen Jerusalems. Unser Jahr hat zwölf Monate, je zwölf Stunden haben der Tag und die Nacht.

Und immer wieder geht die Sonne auf ...

Der Name Sonntag leitet sich vom lateinischen „dies solis" (Tag der Sonne) ab – für Christen ist Jesus die Sonne (der Gerechtigkeit) in ihrem Leben.

Weißes Blut?

Abendmahl wird als Gedächtnismahl in Erinnerung an Leben und Tod Jesu gefeiert. Als Jesus seinen Jüngern Brot und Wein reichte, sagte er: „Dies ist mein Leib" und „Dies ist mein Blut". Meistens wird deshalb im Gottesdienst Rotwein verwendet, da dies ja eben sein Blut symbolisieren soll.

Aber immer mehr Kirchen gehen dazu über, Weißwein auszuschenken – aus rein praktischen Gründen: Weißwein macht keine Rotweinflecken.

Vater und Sohn

Der Papst wird auf Latein mit Papa – als Vater – bezeichnet. Und da es ja nichts gibt, was es angeblich nicht gibt ..., wurde tatsächlich der Sohn Nachfolger seines Vaters auf dem Stuhl Petri in Rom. Papst Innozenz I. folgte direkt auf seinen leiblichen Papa Anastasius I., der von 399 bis 401 regierte – Sohnemann Innozenz war von 402 bis 417 Stellvertreter Christi. Ganz der Vater!

Kurz und klein

Im Mittelalter gab es mitunter sehr fiese und raue Sitten – auch unter sogenannten Christen. So war es teilweise Usus, dass man den Leichnam eines verhassten Verstorbenen bewusst verstümmelte, ihm Gliedmaßen abtrennte und alles zusammen nebeneinander bestattete. Da man ja glaubte, dass der Mensch am Jüngsten Tag seine irdische Gestalt zurückerhält, wollte man ihm damit für später ein böses Erwachen bei der Auferstehung bereiten.

Blatt für Blatt

Die erste Bibel druckte Johannes Gutenberg von 1452 bis 1455 – und zwar auf Latein. Die erste Bibel in deutscher Sprache wurde von Johannes Mentelin 1466 in Straßburg fertiggestellt.

Hoch hinaus und weithin sichtbar

Das evangelische Ulmer Münster wurde 1890 vollendet und besitzt mit 161,53 Metern den höchsten Kirchturm der Welt. Es ist nebenbei auch die größte Bürgerkirche, denn das Gebäude wurde nur mit privaten Spenden von Ulmer Bürgern finanziert.

Wenn eines Tages die Sagrada Familia in Barcelona nach dem Entwurf des bereits verstorbenen Antoni Gaudí fertiggestellt ist, wird sie dann mit ihrem 170 Meter hohen Hauptturm die höchste Kirche der Welt sein.

Einer für alle, alle für einen

Reformation heißt im wörtlichen Sinne: Erneuerung, Wiederherstellung. Für Martin Luther war die Kirche dringend reformbedürftig. Er erkannte viele Missstände, die so nicht biblisch zu begründen waren, und wollte, dass im Gottesdienst statt Latein Deutsch gesprochen wird, damit endlich jeder alles versteht. Er prangerte u. a. falsch verstandene Gesetzlichkeit an, das Reliquienwesen, Wallfahrten sowie Schenkungen an die Kirche für das eigene Seelenheil.

Und er hat sich dagegen gewehrt, dass man sich die Erlösung von Sünden durch einen Ablass mit Geld kaufen konnte, denn dies sei schon durch das Opfer Jesu Christi am Kreuz geschehen. So kam es zu seinem berühmten Thesenanschlag am 31. Oktober 1517 an der Schlosskirche zu Wittenberg.

Das Eis ist heiß ...

Um das 10. Jahrhundert begann die Christianisierung Islands. Missionare versuchten, der Bevölkerung die Hölle entsprechend anschaulich und begreiflich zu machen, indem sie von einem Ort mit heißen brennenden Eisschollen berichteten.

Aller guten Dinge sind drei

In den drei Weisen aus dem Morgenland sah man einst die Vertreter der damals drei bekannten Kontinente und ordnete sie wie folgt ein: Der junge dunkelhäutige Caspar in seinem grünen Gewand bringt als Geschenk Myrrhe aus Afrika. An der Krippe steht er mit einem Elefanten.

Der greise und hellhäutige Melchior aus Europa, ganz in Rot gekleidet, hat ein Pferd als Begleiter und Gold in seinen Händen.

Der mittelalte Balthasar im blauen Outfit erscheint mit einem Kamel und repräsentiert Asien – als Gabe hat er Weihrauch dabei.

Wo kommt eigentlich das Christkind her?

Weil seinerzeit der heilige Sankt Nikolaus mit seinem Gefolge am 6. Dezember immer mehr über die Stränge schlug und auch nicht ins Weltbild der Protestanten passte – weil man allein Gott und Jesus sowie Gottes Wort anerkannte, aber keine Heiligen –, hat Martin Luther einen ganz neuen Begriff erfunden: den so genannten Herre Christ. Daraus ist dann das Christkind entstanden. Die Figur sollte einen engeren Bezug zur Geburt Jesu herstellen und erst am Vorabend von Weihnachten, am Heiligen Abend, die Kinder bescheren.

Erst im 19. Jahrhundert haben dann auch die Katholiken langsam den kleinen blonden Engel mit weißem Kleid und Goldkrone als Heils- und Gabenbringer akzeptiert.

Finger statt Meißel

Wer kennt sie nicht, die zehn Gebote – sie sind Grundlage für viele Gesetze der heutigen Zeit. Mose hat sie, wie es in der Bibel heißt, auf zwei Steintafeln von Gott selbst bekommen. Im 2. Mose 31,18 heißt es: „… gab er ihm die beiden Tafeln des Gesetzes; die waren aus Stein und beschrieben von dem Finger Gottes."

Als Mose die beidseitig beschriebenen Tafeln seinem Volk vorlesen wollte und sie nicht zuhörten und sündigten, wurde Mose wütend und zerstörte diese.

Später sprach Gott zu ihm: „Haue dir zwei neue steinerne Tafeln zu, wie die ersten waren, dass ich die Worte darauf schreibe, die auf den ersten Tafeln standen, die du zerbrochen hast." Hier nochmal kurz der Inhalt zum Nachlesen:

1. Ich bin der Herr, dein Gott. Du sollst keine anderen Götter neben mir haben.
2. Du sollst den Namen des Herrn, deines Gottes, nicht missbrauchen.
3. Du sollst den Feiertag heiligen.
4. Du sollst deinen Vater und deine Mutter ehren.
5. Du sollst nicht töten.
6. Du sollst nicht ehebrechen.
7. Du sollst nicht stehlen.
8. Du sollst nicht falsch Zeugnis reden wider deinen Nächsten.
9. Du sollst nicht begehren deines Nächsten Haus.
10. Du sollst nicht begehren deines Nächsten Hab und Gut.

Etwas auf dem Kerbholz haben

Kinder hielten früher in den Wochen vor dem 6. Dezember ihre Gebetsleistungen und guten Taten durch Einkerben bzw. Einritzen auf einem sogenannten Zählholz fest – meist wurden diese Hölzer von den Eltern oder Paten selbst hergestellt. So konnte man dann dem prüfenden Nikolaus in der Überzeugung entgegentreten, die angegebenen Leistungen auch tatsächlich erbracht zu haben.

Bis ins 18. Jahrhundert verwendete man Kerbhölzer, um Warenlieferungen, Arbeitsleistungen oder Schulden zu registrieren und abzurechnen. Je eine Hälfte behielten Gläubiger und Schuldner. Daher rührt die bekannte Redensart „Etwas auf dem Kerbholz haben".

Er hat sein blaues Wunder erlebt

Wer der Meinung ist, dass nur Jesus übers Wasser laufen konnte, der irrt. Denn auch sein Jünger Petrus konnte tatsächlich ein kleines Stück mitten auf dem Wasser gehen.

Nach der Speisung der Fünftausend überquerten die Jünger in einem Boot den See Genezareth. Ein Sturm kam auf und Jesus lief über das Wasser, um ihnen zu helfen. Als sie ihn erkannten, bat Petrus darum, ebenfalls auf dem Wasser gehen zu können.

In der Bibel heißt es in Matthäus 14,28-29: „Da sagte Petrus: ‚Herr, wenn du es bist, dann befiehl mir, auf dem Wasser zu dir zu kommen!' ‚Komm!', sagte Jesus. Petrus stieg aus dem Boot, ging über das Wasser und kam zu Jesus."

Hatten die Gaben der drei Weisen aus dem Morgenland irgendeine Bedeutung?

Die drei Weisen legten dem Neugeborenen symbolisch für die ganze Menschheit ihre Gaben zu Füßen. Und zeigten dadurch, dass Jesus für sie König, Gott und Mensch in einem ist. Gold schrieb man speziell großen Herrschern zu, es steht für Weisheit und Macht – und war so ein Zeichen für die immerwährende Königsherrschaft Christi.

Weihrauch steht für die Gabe des Geistes – es war das Symbol der Gottesverehrung, für Gebet und Opfer. Myrrhe als Arzneipflanze verweist auf Jesu Eigenschaft als Heiler, als von Gott gesandter Heiland.

Es ist aber auch Symbol für die menschliche Sterblichkeit und steht für die Bitterkeit der Leiden (hebr. murr = bitter).

Das Gelbe vom Ei

Eier waren in vielen Kulturen schon immer ein Sinnbild für Fruchtbarkeit und Leben. Für Christen gilt das Ei als Zeichen der Auferstehung – und es symbolisiert auch den Christen selbst: Die Schale ist die zerbrechliche Leibeshülle, das Eiweiß ist der ungefärbte Glaube und das Eigelb steht für das Licht Jesu – die Sonne der Gerechtigkeit.

Eine Krone voller Dornen

Die Dornenkrone, die Jesus bei der Kreuzigung auf seinem Kopf trug, könnte aus den beiden Sträuchern Kreuzdorn oder Weißdorn bestanden haben – römische Soldaten hatten sie geflochten, ihm aufgesetzt und ihn damit verspottet. Kreuzdorn und Weißdorn werden auch als Kreuzholz oder Christdorn bezeichnet.

Im Advent geht's rund ...

Schon lange vor dem Eindringen des Christentums nach Mitteleuropa galten die immergrünen Zweige von Misteln, Tannen, Eiben oder Stechpalmen als Symbole für Gesundheit, Wachstum, Fruchtbarkeit und Wohlergehen – und sollten in Haus und Hof, Stall und Feld helfen, Gefahren zu bannen. Der Adventskranz ist Symbol der Vorbereitung auf das Kommen Christi. Der Kranz, der ohne Anfang und Ende ist, ist ein Zeichen für Gott, der immer war und immer sein wird.

Das weiß doch jeder!

In vielen Gegenden bezeichnet man den Pfarrer auch als Pastor (Hirte) und die Gemeindeglieder als seine Schäfchen.

Jetzt gibt's eins auf die Glocke

Die Kirchenglocke führt die Gemeinde zusammen – auf dem Weg ins Gotteshaus, bei Taufe, Konfirmation, Hochzeit und Bestattung. Glocken wurden für den kirchlichen Bereich im 8. Jahrhundert offiziell eingeführt. Sie dienten als Zeitgeber, regelten den Tagesablauf und warnten vor Unwetter und anrückenden Feinden. Sie kündigten Veranstaltungen und Versammlungen an und dienten als Ruf zum Gottesdienst und kirchlichen Festen.

Es gab u. a. die Totenglocke, die Schandglocke (sie ließ für Verurteilte das letzte Stündlein schlagen) und die Betglocke. Hauptgottesdienste und Festtage der Kirche werden noch heute mit dem vollen Geläute aller Kirchenglocken angekündigt.

Men in Black

Talar nennt man das offizielle Amtskleid der Geistlichen – evangelische Pfarrer tragen ihn während des Gottesdienstes. Es ist ein langer schwarzer Umhang, der bis auf den Boden reicht – talaris heißt „bis zu den Knöcheln gehend".

Seinen Ursprung hat der Talar als akademische Kleidung an mittelalterlichen Universitäten. Er wurde erst im Jahr 1811 durch König Friedrich Wilhelm III. für Geistliche, Richter und königliche Beamte offiziell eingeführt.

Übrigens ...

In Norddeutschland wird Heiligabend wegen des reichlichen Festmahls auch „Vollbauchabend" genannt.

Lebkuchen, Pfefferkuchen

Zu Gewürzen aller Art sagte man im Hochmittelalter „Pfeffer", denn damals blühte der Handel mit dem Orient. Man bezeichnete deshalb die Lebkuchen mit ihren vielen Zutaten auch als „Pfefferkuchen" – sie bestehen aus Nüssen, Mandeln, Honig sowie Anis, Ingwer, Nelken, Kardamom und Koriander. Um das Jahr 1500 wurden in Klöstern Lebkuchen mit verschiedensten Heilkräutern hergestellt.

Das Wort *Leb* in Lebkuchen stammt wahrscheinlich aus dem Althochdeutschen und bedeutet Heil- und Arzneimittel.

Hostianna!

Die Hostien, wie man sie heute in den Kirchen verwendet, gehen auf die ungesäuerten Fladen (Mazzen) zurück, die zur jüdischen Passahfeier auf heißen Steinen gebacken wurden. Im Laufe der Zeit entwickelten sich besondere Vorschriften für die Herstellung dieses Opferbrotes, das zum „Leib des Herrn" wird: Möglichst fein, weiß und rund sollte es sein. Diese Brotoblaten aus Weizenmehl und Wasser wurden früher vor allem in Klöstern hergestellt.

Endlich Wochenende!

Der Samstag ist laut Altem Testament der siebte und letzte Tag der Woche – und eine Gabe des Herrn an seine Gemeinde. Das hebräische „Sabbat" bedeutet ruhen bzw. aufhören; alle anderen Wochentage wurden einfach von eins bis sechs numeriert. Bis zum Jahr 80 feierten Juden und Christen gemeinsam Sabbat.

Nachdem die Juden in das Achtzehnbittengebet die Verfluchung der Nazarener (also der Anhänger des auferstandenen Christus) aufgenommen hatten, wurde der Sonntag zum wöchentlichen Treff und Feiertag der Christen – und somit zum Geburtstag des Christentums. Es ist der Tag der Auferstehung Jesu.

Kaiser Konstantin erhob 321 n. Chr. den Sonntag zum staatlichen Ruhetag. 1976 wurde der Sonntag international zum letzten Tag der Woche erklärt.

Das ist die Allergrößte

Die größte christliche Kirche ist nicht der Petersdom in Rom mit seinen 15.000 qm, sondern sie steht in Yamoussoukro, der Hauptstadt der Elfenbeinküste. Die „Notre-Dame-de-la-Paix" hat eine überbaute Fläche von sage und schreibe 30.000 qm. Im Vergleich dazu: Der Wiener Stefansdom hat 4.000 qm und der Kölner Dom 8.000 qm.

Von drauß' vom Walde komm ich her

Am Vorabend des 6. Dezember stellen Kinder ihre Stiefel vor die Tür, in der Hoffnung, vom Nikolaus mit Süßigkeiten, Apfel, Nuss und Mandelkern beschenkt zu werden. Im 4. Jahrhundert lebte in Kleinasien Bischof Nikolaus von Myra in der Stadt Lykien (heute Demre, Türkei). Er erwarb durch seine wohlhabenden Eltern ein großes Erbe und wollte seinen ganzen Besitz und Reichtum in den Dienst Gottes stellen. Deshalb verteilte er seine Habe großzügig unter den Armen. Seinen Todestag feiert man bei uns am 6. Dezember. Ihm zu Ehren wurde dieser Tag zum Bescherungstag. Dass man auch zu Weihnachten etwas schenkt, wurde erst nach der Reformation üblich.

Gnadenlos gut

Gott unterscheidet zwischen Gesetz und Gnade und begründet somit das Alte sowie das Neue Testament: „Denn das Gesetz ist durch Mose gegeben; die Gnade und Wahrheit ist durch Jesum Christum geworden" (Johannes 1,17).

Andere Länder, andere Sitten

In Deutschland ist zu Ostern als Eierbote der Osterhase unterwegs. In Tirol die Osterhenne. In der Schweiz der Kuckuck. In Schweden der Osterhahn. In Australien teilt ein kleines Beuteltier, der Osterbilby, die Eier aus. Und in Barbados gibt es dafür den Osterfisch.

Jetzt wird's Tag ...

In der von Gott einmal ganz neu geschaffenen Welt wird überhaupt keine Nacht mehr sein – so steht es in den biblischen Schriften u. a. im Römerbrief 13,12, im 1. Thessalonicher Brief 5,5ff. und in der Offenbarung 21,25; 22,5.

Ein Bild sagt mehr als tausend Worte ...

Der auferstandene Jesus zeigte sich nach seinem Tod noch 40 Tage lang auf der Erde und redete über das Reich Gottes. Vor den Augen der Jünger wurde er in einer Wolke gen Himmel gehoben. Himmelfahrt wird somit immer genau 40 Tage nach Ostern, an einem Donnerstag gefeiert.

Im Mittelalter verdeutlichte man Himmelfahrt ganz realistisch, indem in der Kirche eine Christusfigur zur Decke hochgezogen wurde – und daraufhin regnete es aus dem Gewölbehimmel Blumen und Heiligenbildchen sowie brennendes Werg (Pflanzenfasern), um die Feuerzungen des Heiligen Geistes zu symbolisieren.

Die absolute Määäääährheit ...

Schafe werden in der Bibel am meisten erwähnt, nämlich insgesamt 200 Mal, danach folgen die Lämmer und auf Platz drei stehen die Löwen.

Zu Wasser, zu Lande und in der Luft

Nach der Sintflut ließ Noah tatsächlich nicht nur einen, sondern zwei Vögel fliegen, um nach Land Ausschau zu halten: zuerst einen Raben, dann dreimal eine Taube. Als diese nicht mehr zurückkam, wusste er, dass sie festen Boden unter den Füßen hatte und er in Sicherheit war.

Wem gehörte das Grab, in das Jesus gelegt wurde?

Joseph von Arimathia, ein unbekannter Mann aus dem Volk, erbat noch am Karfreitagabend von Pontius Pilatus den Leib Jesu. Am nächsten Tag war Sabbat, da durfte man weder arbeiten noch Tote begraben. Joseph nahm ihn ab und wickelte ihn in ein Tuch aus Leinen. Dann legte er den Leichnam in ein neues, leeres, frisch gehauenes Grab – eine Art Höhle, zu der man ebenerdig Zugang hatte. Der reiche Jünger Jesu hatte es ursprünglich für sich selbst gekauft. Um den Eingang zu verschließen, wurde ein großer Stein davorgerollt.

Übrigens …

Als das Paradies erschaffen wurde, hatte es noch nicht geregnet, und es heißt in der Bibel: „… aber ein Strom stieg aus der Erde empor und tränkte alles Land."Es gab also zuerst eine Quelle, die den Garten Eden bewässerte, und dieser Bach teilte sich dann auf in vier große Flüsse: Pischon, Gihon, Tigris und Euphrat.

Ganz schön bitter

In einigen Gegenden war es früher Brauch, am Ostersonntagmorgen vor dem Frühstück etwas frisch geriebenen Meerrettich (Kren) zu sich zu nehmen – zur Erinnerung an das bittere Leiden Christi. Dann erst durfte gegessen werden: Gebildbrote, Butter, Honig, Marmelade und natürlich Ostereier.

Wo kommen die ganzen Heiligen her?

Allerheiligen als Gedächtnisfest hat im 9. Jahrhundert Papst Gregor IV. für die ganze Christenheit verbindlich vorgeschrieben – zu seiner Zeit war ja noch alles römisch-katholisch und orthodox. Er hatte ein logistisches Problem zu lösen, denn die Zahl der Heiligen und Märtyrer war so gewachsen, dass es nicht mehr möglich war, jeden mit einem eigenen Feiertag zu ehren. Die Feierlichkeiten wurden auf den 1. November verlegt.

Ab dem 10. Jahrhundert wurde die Heiligsprechung vom jeweiligen Papst vorgenommen – so kamen auch Glaubensbekenner, Kirchenlehrer, Jungfrauen und Witwen zu dieser Ehre. Da später keine staatlichen Verfolgungen mehr stattfanden, war der Märtyrertod nicht mehr das entscheidende Kriterium für eine Heiligsprechung.

Als Heilige werden Christen bezeichnet, die sich besonderes Ansehen durch Wundertaten und einen untadeligen Lebenswandel erworben haben. Sie werden als vollkommen angesehen. Diese Vorbilder werden von Katholiken und Orthodoxen vor allem als Mittler um Fürbitte und Beistand in allen möglichen Lebenslagen angerufen.

Das war ein Fehler

Der Satz von Jesus „Steh auf, nimm dein Bett und geh!" zu einem Kranken am See Bethesda müsste eigentlich lauten: „Steh auf, nimm deinen Stock und geh!" – denn das hebräische „matte" für Stock wurde wohl versehentlich mit „mitta" für Bett übersetzt.

Die Sonne kommt raus

Die Sonne ist eine Schöpfung Gottes. Sie dient als Spenderin des Lichts und der Zeitbestimmung. Den Hebräern war es streng verboten, sie zu verehren (5. Mose 4,19). Als Josua um 1400 v. Chr. mit den Israeliten gegen die Amoriter kämpfte, hielt Gott die Sonne für fast einen ganzen Tag an.

Engelchen fliiiiieg ...

Das Wort Engel kommt vom griechischen Begriff „angelos" (Bote). Das Johannesevangelium spricht von sagenhaften 10.000 mal 10.000 Boten Gottes, also insgesamt 100 Millionen Engeln. In der ehemaligen DDR durften Engel offiziell nicht als solche bezeichnet werden – man nannte sie „Jahresendpuppe".

Auf zur Volkszählung!

Von Nazareth nach Bethlehem waren es rund 165 Kilometer, die Josef und seine schwangere Frau Maria zu bewältigen hatten. Sie waren gut sechs Tag lang unterwegs – und der Höhenunterschied schwankte zwischen 280 Meter unter dem Meeresspiegel und 800 Meter Höhe. Bei dieser Anstrengung und noch dazu bei über 30 Grad sollte man mindestens vier Liter am Tag trinken.

Was geschah, als Jesus starb?

Der Vorhang im Tempel zerriss von oben nach unten in zwei Teile in dem Augenblick, als Jesus starb.

Dieses Gotteszeichen war Symbol für das Ende der den Israeliten einst auferlegten Gesetzlichkeit. Von nun an hatte jeder durch Gottes Sohn direkten Zugang zum Vater. Denn Jesus war gekommen, das Gesetz zu erfüllen – deshalb spricht man vom Neuen Testament.

Nach guter alter Tradition

Jesus bedeutet „Gott rettet". Er bekam von seinen Anhängern den Titel „Christus" – das ist die griechische Übersetzung des hebräischen Wortes Messias: der Gesalbte. Früher wurden Könige mit Öl gesalbt, wenn sie die Herrschaft übernahmen. Nur die Briten halten noch an dieser alten Tradition fest.

Das ist einfach Troll!

In Island bringen den Kindern schelmische Trolle die Weihnachts-geschenke – und zwar in den zwei Wochen vor Weihnachten. Je-den Tag stellt der Nachwuchs Schuhe ans Fenster, damit die so-genannten Jólasveinar etwas hineinlegen können. Die unartigen Kinder finden Kartoffeln in ihren Stiefeln, die braven Süßigkeiten, Obst und mehr.

Die frechen Gesellen kommen jeweils an verschiedenen Tagen und haben entsprechend kreative Namen: Stekkjastaur (Schaf-schreck), Giljagaur (Milchschaumtrinker), Stúfur (Knirps), Pvö-rusleikir (Kochlöffellecker), Pottaskefill (Topfkratzer), Askasleikir (Tellerlecker), Hurðaskellir (Türenknaller), Skyrgámur (Quarkes-ser), Bjúgnakrækir (Wurstklauer), Gluggagægir (Fensterglotzer), Gáttaþefur (Türschlitzschnüffler), Ketkrókur (Weihnachtsbraten-klauer) und Kertasníkir (Kerzenschnorrer).

Zur Hölle damit!

In den USA betreiben evangelikale Gruppen sogenannte Höllen-häuser, die wie Spukhäuser aufgebaut sind. In unterschiedlichen Räumen werden den Besuchern von Schauspielern zur Abschre-ckung diverse moralische Bedrohungen, Sünden und Verfehlun-gen sowie ihre Auswirkungen realitätsnah vorgespielt. Die Themen sind u. a. außerehelicher Geschlechtsverkehr, Abtreibung, Porno-grafiekonsum, Homosexualität, Drogen, Trunkenheit am Steuer, Schulmassaker und Suizid. Ein als Satan verkleideter Führer erklärt alles – und versucht auf die Folgen für das Seelenheil im Jenseits aufmerksam zu machen.

Stimmt unsere Zeitrechnung?

Nach dem jüdischen Geschichtsschreiber Josephus Flavius ist König Herodes I. schon vier Jahre vor unserer Zeitrechnung gestorben – also 4 v. Chr. Aus Furcht vor einem neuen Herrscher ließ Herodes alle Kinder von bis zu zwei Jahren töten. Da er nach Jesus suchte und ihm nach dem Leben trachtete, muss dieser ja bereits geboren worden sein.

Man nimmt heute an, dass Gottes Sohn um 7 v. Chr. das Licht der Welt erblickte. Das Jahr von Jesu Geburt ist ebenso ungewiss wie der Tag – in der Bibel gibt es dazu keinen genauen Tag, aber einige Anhaltspunkte.

Bereits im Urchristentum wurde debattiert, wann der Neugeborene wohl in der Krippe lag. Eigentlich müsste es im Herbst gewesen sein, denn Volkszählungen fanden seinerzeit nach der Ernte statt, wenn Menschen, ohne um ihre Ackerfrüchte fürchten zu müssen, für einige Tage verreisen konnten. Und es war die Zeit, als die Schafe lammten und die Hirten mit ihnen auf den Feldern waren.

Übrigens ...

Laut Bibel ist Zeit ein Geschenk Gottes – sie ist bei der Schöpfung entstanden. Gott ist ewig, weil er über die Zeit mächtig ist. Aus dem lateinischen Wort „hora" (engl. hour; griech. Reigen) wurde unsere Stunde.

Sag mir quando, sag mir wann ...

354 wurde das Weihnachtsfest zum ersten Mal in Rom gefeiert – im Jahre 381 erhob dann Kaiser Theodisus auf dem 2. Konzil von Konstantinopel das Christfest zum Dogma.

Was hat ein Schiff mit dem christlichen Glauben zu tun?

Das Schiff ist ein Symbol für die Reise, für die Fahrt durchs Leben, durch die Wogen der Welt. Die Arche Noah zeugt von der beschützenden Liebe Gottes und der Rettung der von ihm Auserwählten. Kirchen werden aus diesem Grund auch „Schiffe Petri" genannt – man kennt auch die Bezeichnung Kirchenschiff.

Wih, wo, was?

Wih ist eine Silbe aus dem Mittelhochdeutschen und bedeutet heilig oder auch geweiht. „Wih naht" war also die Weihenacht bzw. Heilige Nacht. Aus dem Begriff „ze den wihen nahten" (zu den geweihten Nächten) wurde schließlich unser Weihnachten. Wörtlich übersetzt stammt es vom lateinischen „nox sancta" – heilige Nacht.

Vom Himmel hoch, da komm ich her ...

Martin Luther (1483–1546) dichtete besonders viele neue und verständliche Kirchenlieder auf Deutsch, die jeder gut mitsingen kann. Sein bekanntestes Werk „Vom Himmel hoch" schrieb er im Winter 1534/35 eigentlich nur für seine Familie. Zwei Jahrhunderte später komponierte Johann Sebastian Bach die Melodie dazu. Das erste Kirchengesangbuch erschien im Jahre 1545 in Wittenberg. Diese Lieder eroberten dank deutscher Auswanderer bald die ganze Welt.

Die längste Pilgerreise ever!

Seit 1969 pilgert der US-Amerikaner Arthur Blessitt mit einem 3,70 Meter langen Holzkreuz durch die Welt. Er hat seitdem alle Kontinente durchquert, hat bis 2023 insgesamt 324 Länder bereist und dabei knapp 70.000 Kilometer zurückgelegt.

Süße Sache

Kreuzritter brachten Marzipan von ihren Kreuzzügen aus dem Vorderen Orient mit. Eine Sage erzählt von den Bürgern Venedigs, die einst wegen einer großen Hungersnot zu Markus, dem Schutzpatron ihrer Stadt, beteten. Als es dann bald darauf wieder Mehl gab, nannten sie die ersten kleinen Brote ihm zu Ehren „marci panis". Daraus wurde der Name Marzipan.

Lachen ist die beste Medizin

Im Mittelalter und Frühbarock versuchten die Pfarrer am Ostersonntag, die Gemeinde zum Lachen zu bringen. Man wollte damit
deutlich machen, dass die Auferstehung Christi den Menschen im
Ganzen betrifft – mit Leib und Seele. Das Osterlachen wurde ab
dem 18. Jahrhundert aus den Kirchen verbannt.

Baum-Management

Früher wurden an Silvester die Kerzen am Christbaum das letzte
Mal angezündet – den Baum ließ man bis Epiphanias (Dreikönig)
am 6. Januar stehen, dann wurde er abgeräumt. Nach anderer Tradition beendet Mariä Lichtmess am 2. Februar die Weihnachtszeit.

Mit Luft und Liebe

Die größte Orgel der Welt wiegt sagenhafte 150 Tonnen (ungefähr
so viel wie 100 Autos) und befindet sich in Atlantic City in den
USA. Die sogenannte „Boardwalk Hall Auditorium Organ" ver-
fügt über unglaubliche 33.112 Pfeifen, 1.250 Registertasten und
sieben Manuale.

Die lauteste Orgel der Welt hingegen steht in Yeosu in Südko-
rea – sie ist mit 138,4 Dezibel das lauteste Musikinstrument, das
jemals gebaut wurde.

Früher war mehr Lametta

Lametta (lat. lama = Metallblatt) stellte man ab dem 18. Jahrhundert in der Region um Nürnberg her. Es erinnert an Eiszapfen im Winter. Man nennt es auch Engelshaar oder Zischgold.

Wegen sinkender Nachfrage wird in Deutschland kein Lametta mehr für den Weihnachtsbaum produziert. Besser für die Umwelt ist es auf jeden Fall.

Happy New ... nee, doch nicht?

Bis ins Mittelalter war der Neujahrstag noch nicht einheitlich am selben Termin – in England beispielsweise war es der 25. März, in Konstantinopel der 1. September und in Deutschland der 25. Dezember.

1582 ließ Papst Gregor XIII. den Kalender reformieren und so fiel Neujahr, wie wir es auch heute noch kennen, auf den 1. Januar. Den gregorianischen Kalender verwenden heute die meisten Länder der Welt.

Lach mal wieder ...

Wer war der erste Kellner? Der Heilige Geist. Denn in der Bibel steht: „Er nahte mit Brausen."

Wer ist die älteste Frau in der Bibel?

Als sogenannte Mutter Israels gilt Sara – sie war mit Abraham verheiratet und brachte den verheißenen Sohn Isaak zur Welt. Sara ist Hebräisch und bedeutet Fürstin – sie starb im hohen Alter von 127 Jahren bei Hebron im Land Kanaan und wurde in der Höhle Machpela von ihrem Mann beigesetzt.

Woher kommt der Begriff „am Hungertuch nagen"?

In Zeiten, als die Bevölkerung noch nicht lesen konnte und man deshalb das biblische Geschehen vom Pfarrer größtenteils auf Lateinisch erzählt bekam, wurden der Gemeinde zum besseren Verständnis die Geschichten in den Gotteshäusern zusätzlich auf entsprechenden Tafeln und Wandgemälden präsentiert.

Während der 40-tägigen Fastenzeit wurden die Bilder der Heilsgeschichte – von der Schöpfung bis zum jüngsten Gericht – mit großen Tüchern abgehängt. Diese nannte man Hungertücher, weil man sich während der Fastenzeit entsprechend zurückgenommen und gehungert hat. Man hat also quasi am Hungertuch genagt.

Am Tag vor Gründonnerstag wurden die Fastentücher schließlich wieder entfernt – und zwar in dem Augenblick, in dem es im Evangelium hieß: „... und der Vorhang des Tempels zerriss ..."

Kein froher Leichnam

Im Jahre 1264 erhob Papst Urban IV. Fronleichnam offiziell zum kirchlichen Fest. Fronleichnam hat nichts mit Tod oder gar mit einem frohen Leichnam zu tun.

Das Wort stammt aus dem Mittelhochdeutschen: „fron" steht für „Herr, Herrschaft" – und „lichnam" meint den lebendigen Leib. International lautet der Name für Fronleichnam „Corpus Christi". Die katholische Kirche feiert an diesem Tag die Eucharistie – die leibliche Gegenwart Christi. Die Feier ist mit einem Marsch der Gläubigen um die Kirche verbunden.

In der Zeit der Reformation entwickelte sich Fronleichnam zu einem konfessionsscheidenden Merkmal. Martin Luther fehlte die biblische Grundlage, Prozessionen hielt er für Gotteslästerung. Aus dem Paulusbrief an die Hebräer geht laut Luther hervor, dass das Opfer Jesu ein vollkommenes, vollständiges Opfer war. Es wurde „ein für alle Mal" dargebracht und bedarf keinerlei Hinzufügungen, Wiederholungen oder Verbesserungen.

Stille Nacht ...

Der preußische König ließ während des Krieges gegen Frankreich 1870 an Heiligabend für seine Soldaten in den Schützengräben junge Tannen als Weihnachtsbäume aufstellen.

Doppelt hält besser

Bereits der Evangelist Johannes meinte, dass es neben der eigenen leiblichen auch eine geistliche Geburt geben müsse. Und Jesus schließlich sagte, dass es darauf ankomme, dass ein Mensch „aus Wasser und Geist" neu geboren werde, sonst „kann er nicht in das Reich Gottes kommen".

Vierzig Stunden oder vierzig Tage?

Ab 300 n. Chr. fastete man rund zwei Jahrhunderte lang insgesamt 40 Stunden – die Zeit, die Christus in seinem Grab blieb. Danach wurde die Fastenzeit auf 40 Tage verlängert.

Die evangelische Kirche hat in ihren Anfängen das Fasten erst abgelehnt, da es den Geschmack einer religiösen Leistung, eines Verdienstes vor Gott haben kann.

Nur einmal im Jahr …

Puppenstube und Kaufladen waren früher kostbarer Familienbesitz – es durfte nur von Weihnachten bis zum Dreikönigstag damit gespielt werden. Danach wurden sämtliche Utensilien gut verpackt und erst im nächsten Jahr wieder an Heiligabend in die Stube gestellt.

Früher war alles anders

Die Urchristen, also die ersten Anhänger Jesu, die sich in vielen kleinen Gemeinden zusammenschlossen, feierten noch nicht die Geburt des Gottessohnes – damals lehnte man das Feiern von Geburtstagen als heidnisch ab. Auch in der frühen Kirche wurde übrigens die Geburt von Jesus nicht gefeiert – der Schwerpunkt lag allein auf dem Osterfest.

Einmal wurde das Christfest sogar offiziell untersagt. Im Jahr 1647 wurde in England von den Puritanern ein Gesetz verabschiedet, wonach Weihnachten zu feiern verboten wurde. Diese strenggläubigen Christen zweifelten nicht nur den 25.12. als Geburtstag Jesu an, man wollte auch die zügellose Völlerei, den ausufernden Alkoholkonsum sowie Ausschweifungen aller Art eindämmen. 13 Jahre später waren die Puritaner nicht mehr an der Macht und Weihnachtsfeierlichkeiten wurden wieder legalisiert und offiziell erlaubt.

Man kann ja auch miteinander fröhlich feiern, ohne über die Stränge zu schlagen ...

Eine runde Sache

Kränze auf Gräbern sollen nach altem Glauben durch den „magischen Kreis" von Zweigen, Blättern und Blumen etwaige Geister gefangen halten, damit diese nicht die Verstorbenen heimsuchen können. Den Toten wollte man es dadurch so stressfrei und gemütlich wie möglich machen.

Improvisation ist alles

Da echte Weihnachtsbäume früher teuer waren, halfen sich die Armen mit Holzstäben aus, die an der Spitze zusammengebunden waren. Diese „Perchamiden" wurden mit Tannenzweigen umwickelt, mit Kerzen besteckt und mit Schmuck behängt.

Drehpyramiden haben ihre Wurzeln im Erzgebirge und wurden dort einst anstelle eines Weihnachtsbaumes verwendet. Sie waren bereits im 18. Jahrhundert deutschlandweit bekannt.

Viel zu viel des Guten ...

Die am häufigsten vorkommende Reliquie war im Mittelalter der Splitter vom Kreuz Jesu. Es waren so viele Splitter im Umlauf, dass schon der niederländische Universalgelehrte Erasmus von Rotterdem um das Jahr 1500 spottete, man könne aus allen Holzsplittern zusammen ein ganzes Schiff bauen.

Gesundheit!
Nein – Krippe, nicht Grippe!

Früher konnten nur Gelehrte und Priester die Bibel verstehen, denn Latein war allein ihre Sprache. Deshalb sind für das einfache Volk Krippenspiele entstanden. Franz von Assisi soll am 25. Dezember 1223 in einer Waldgrotte bei Greccio mithilfe von echten Menschen und Tieren das allererste Krippenspiel aufgeführt haben. Die erste feste Krippe in Deutschland stand im Jahre 1607 in einer Münchener Kirche. Krippen wurden anfänglich aus bis zu 150 cm großen Holzfiguren gebaut, damit man auch von den hinteren Bänken etwas sehen konnte.

Die ersten privaten Krippen mit kleinen Figuren, wie wir sie heute kennen, waren um 1780 zunächst in den Alpenländern unter dem Weihnachtsbaum ein fester Bestandteil des Christfestes.

Eieieieiei!

Laut einer im Jahr 2022 veröffentlichten Umfrage sind 12 Prozent der Deutschen der Meinung, dass wir an Ostern die Geburt von Jesus feiern. 9 Prozent haben keinen blassen Schimmer, was Ostern bedeutet. 4 Prozent glauben sogar, Jesus hätte seinerzeit an Ostern geheiratet.

Wer's hat, der hat's ...

Im Jahr 2017 wurde für die Rekordsumme von 450,3 Millionen US-Dollar das Ölgemälde „Salvator mundi" über das Auktionshaus Christie's an den Kronprinzen und Premierminister Saudi-Arabiens, Mohammed bin Salman, verkauft. Es ist damit das teuerste Bild der Welt.

Das 65,6 x 45,4 cm große Werk von Leonardo da Vinci wurde mit Ölfarben auf eine Walnussholztafel gemalt. Es zeigt Jesus Christus mit braunem offenem Haar in einem blauen Gewand, in frontaler Ansicht – er erhebt die rechte Hand mit segnender Geste und hält in seiner Linken eine Kristallkugel. Der Titel „Salvator mundi" bedeutet „Erlöser der Welt".

So 'ne Pfeife!

Ein Alleskönner! Die Orgel gilt als die Königin der Instrumente – und hält gleich einige Rekorde auf einmal.

Das Frequenzspektrum einer Kirchenorgel reicht vom tiefsten Ton, den das menschliche Ohr wahrnehmen kann, bis in die höchsten Höhen – die Orgel ist außerdem das leiseste und auch das lauteste Musikinstrument. In Deutschland gibt es rund 55.000 Orgeln.

Die meisten Schoko-Nikoläuse zeigen gar nicht den Nikolaus!

Nikolaus wirkte im 3. Jahrhundert als Bischof in Myra. Wie alle Bischöfe trägt er auf dem Kopf die sogenannte Mitra, als Gewand besitzt er einen weißen bzw. beigefarbenen bodenlangen Mantel mit Applikationen in Gold – und in der Hand hält er einen Krummstab, der oben spiralförmig endet.

Im Handel gibt es jedoch für den Nikolaustag aus Schokolade vor allem rot gewandete Gesellen mit weißem Bart und Zipfelmütze zu kaufen – aber das ist nicht der Bischof aus Myra, sondern der Weihnachtsmann. Und der ist ja erst drei Wochen später, am 24. Dezember, an der Reihe.

Happy ... birth... äääh ... Nein!

Bei den Zeugen Jehovas werden keine Geburtstage gefeiert. Der Grund dafür ist, dass die beiden einzigen Berichte in der Bibel über Geburtstage zum Mord führten. Außerdem solle man sich durchs Geburtstagfeiern nicht selbst erhöhen.

Auch christliche Feiertage wie Weihnachten und Ostern lehnt die Religionsgemeinschaft als „Götzendienst" ab, da diese Feste auf heidnische Wurzeln zurückzuführen seien.

Ihre einzige religiöse Feier ist das Abendmahl, das als Gedächtnismahl zum Gedenken an den Tod Christi gefeiert wird.

Wie die Kapelle entstand

Martin diente als römischer Soldat in Frankreich. Als er einen frierenden Bettler sah, teilte er mit seinem Schwert seinen Umhang und gab ihm eine Hälfte. In der darauffolgenden Nacht soll ihm Christus mit diesem Mantelstück erschienen sein. Er wurde wegen seiner Frömmigkeit und Demut im Jahre 371 n. Chr. zum Bischof von Tours ernannt. Sein Todestag ist der 11. November – der Martinstag. Überall im fränkischen Reich baute man Sankt Martin zu Ehren kleine Gotteshäuser. Daher stammt auch das heutige Wort Kapelle – es leitet sich ab aus der Verkleinerungsform von cappa (Mantel, Umhang).

Sein Mantel galt als fränkische Reichsreliquie, wurde am Königspalast in Paris aufbewahrt und auf allen Feldzügen Frankreichs als Talisman mitgeführt. Ansonsten hing die berühmte cappa in einem eigenen Verehrungs- und Aufbewahrungsraum, der capella (Mantelraum). Die fränkischen Könige vollzogen dort wichtige Staatsakte und es gab auch einen extra Mantelwächter: den capellanus (Kaplan).

A star is born

Heute nimmt man an, dass im Jahre 7/6 v. Chr. eine besonders enge Stellung der beiden Planeten Saturn und Jupiter stattfand, sodass diese Konjunktion wie ein einziger, besonders heller Stern erschien. Der Astronom Johannes Kepler (1571–1630) hatte bereits vor 400 Jahren dieselbe Theorie, die er selbst 1603 beobachten konnte. Er stellte fest, dass diese Konstellation nur alle 805 Jahre eintritt – das vorletzte Mal also im Jahr 7 v. Chr.

Lost in translation ...

Martin Luther hat nicht nur die Bibel aus dem Hebräischen und Griechischen ins Deutsche übersetzt, sodass endlich jeder alles verstehen und selbst nachlesen konnte – sein Werk war auch der Grundstock der hochdeutschen Sprache. Das Neue Testament schrieb Luther in nur vier Monaten. Für die Übersetzung des Alten Testaments benötigte er 12 Jahre. 1534 schließlich hatte er alles fertig.

Falsch gegendert

Schon gewusst, dass Martin Luther bei der Übersetzung der Schöpfungsgeschichte für „Frau" das Wort „Männin" erfunden hat? Am Anfang der Bibel ist die Rede von der Schöpfung der Frau. Dabei wird im Hebräischen ein Wortspiel gemacht: „ischah – die Frau" ist die weibliche Form von „isch – der Mann". Deshalb hat Luther das Wort „Männin" erfunden. Er wollte damit die sehr nahe Beziehung zwischen Mann und Frau deutlich machen.

Wie kommt denn das Einhorn in die Bibel?

In der Bibel werden tatsächlich Einhörner erwähnt. In Martin Luthers Bibelübersetzung taucht das Tier gleich achtmal auf: In den fünf Büchern Mose, in den Psalmen, bei Hiob und bei Jesaja. In Psalm 22 beispielsweise heißt es: „Errette mich von den Einhörnern!" Und in Hiob 39,9 fragt Gott: „Meinst du, das Einhorn werde dir dienen und werde bleiben an deiner Krippe?" Erst die revidierte Lutherübersetzung von 1984 ersetzt das Einhorn durch einen Wildstier.

Tatsächlich geht das Ganze auf einen Übersetzungsfehler zurück. Bereits die Septuaginta, die älteste durchgehende Übersetzung des Alten Testaments, übersetzt „re'em" mit monokeros – also Einhorn.

Es gibt nichts, was es nicht gibt

Im Erfurter Dom gibt es sogar einen sogenannten Einhornaltar aus dem frühen 15. Jahrhundert – mit einem von einem unbekannten Künstler gemalten goldenen Einhorn, das auf dem Schoß der Maria sitzt.

Die kennt fast jeder!

Die bekanntesten Weihnachtsgebäcke mit Städtenamen heißen Aachener Printen, Dresdner Stollen, Königsberger Marzipan, Liegnitzer Bomben, Lübecker Marzipan, Thorner Katharinchen und Nürnberger Lebkuchen.

Ein Land,
wo Milch und Honig fließen ...

Das haben wohl einige falsch verstanden – denn im Mittelalter besaßen sage und schreibe 69 katholische Stätten eine Marienmilch-Reliquie, also jeweils eine Ampulle mit der angeblichen Muttermilch Marias. Der Wahrheitsfindung könnte dienen, sich einmal zu überlegen, wie man denn praktisch an diese Milch gekommen sein will.

Eine Aussage Martin Luthers über seine vorreformatorische Zeit bringt es glaubensmäßig auf den Punkt: „Ach! Was haben wir der Maria Küsse gegeben! Aber ich mag Marias Brüste und Milch nicht, denn sie hat mich nicht erlöst noch selig gemacht."

Die Adresse des Osterhasen

Deutschlands ältestes Osterhasenpostamt empfängt und beant-
wortet jedes Jahr vor Ostern Zehntausende Briefe von Kindern
und anderen Langohrfans. Die Adresse des kleinen Bauerndorfs
lautet: Hanni Hase, Am Waldrand 12, 27404 Ostereistedt.

Warum isst man eigentlich Gans
zu Weihnachten?

Der Brauch des Gänsebratens geht auf den 24. Dezember 1588
zurück. An diesem Tag ließ sich gerade die englische Königin Eli-
sabeth I. solch ein Federvieh schmecken, als sie vom Sieg über die
spanische Armada erfuhr. Daraufhin ordnete sie an, dass von nun
an zur Erinnerung jedes Weihnachtsfest Gans gegessen werden
sollte.

Gott jes-jes-jes-jes!

Der Prophet Jesaja wirkte zwischen 740 und 701 v. Chr. und erhielt von Gott einen der wohl seltsamsten Befehle, die im Buch der Bücher festgehalten wurden. Jesaja gehorchte und ging tatsächlich drei Jahre lang barfuß und nackt.

Du hast die Haare schön!

So lange Simson (auch Samson) langes Haar hatte, war er durch seine unbezwingbare Stärke für die Philister unbesiegbar – sie durften nur nicht geschnitten werden. Dieses Geheimnis verriet er eines Tages seiner Frau. Aber es war nicht seine Frau Delila, die ihm die Haare schnitt, wie es viele glauben. Delila wurde von den Philistern bestochen, sie brachte ihn zum Einschlafen und er konnte gefangen genommen und geschoren werden. So verlor er seine ganze Kraft.

Im Wein liegt die Wahrheit

Das erste in den Evangelien beschriebene Wunder Jesu ist die Verwandlung von Wasser in Wein auf der Hochzeit zu Kana.

Na, haste auch 'ne Marotte?

Maria, die Mutter Jesu, wurde schon seit jeher aufgrund ihrer ganz speziellen Lebensgeschichte verehrt – unterstützt durch Bilder und Skulpturen in Kapellen und Kirchen, aber auch zu Hause in der guten Stube mit kleinen Figürchen und Statuen. Diese hölzernen Schnitzereien bezeichnete man liebevoll mit verkleinernden Marien-Kosenamen – und nannte sie Mariole, Marion, Marionette oder auch Marotte.

A star is grown ...

Der Weihnachtsstern ist bei uns als typische Adventsblume sehr beliebt und bringt vorweihnachtliche Stimmung in jedes Heim. Er stammt ursprünglich aus Mittelamerika. Durch mexikanische Franziskanermönche, die damit vor 300 Jahren ihre Kirchen zum Weihnachtsfest schmückten, kam die Pflanze nach Europa. Es ist ein Gewächs, deren oberste Blätter sich allmählich rötlich verfärben und die unscheinbaren, echten Blüten umrahmen. Mittlerweile gibt es sie in den unterschiedlichsten Farben.

Diese reine Topfpflanze wird in ihrer Heimat als Strauch bis zu vier Meter hoch. Die Euphorbia (Poinsettia), wie der Weihnachtsstern mit lateinischem Namen heißt, ist eine Kurztagspflanze, deren Blütenbildung erst bei einer Tageslänge von weniger als 12 Stunden einsetzt – also ein typischer Winterblüher.

Manchem ersetzt er den Tannenbaum – und erinnert dem Namen nach an den im Matthäusevangelium erwähnten Stern von Bethlehem.

Erst seit dem Zweiten Weltkrieg ist es üblich, dass auch in katholischen Kirchen Christbäume stehen. Vorher gab es dort nur Weihnachtskrippen.

Essen hält Leib und Seele zusammen

Nach einer Beerdigung geht man auch heute noch traditionell zum Abschluss gemeinsam etwas essen. Das hat seinen Ursprung in früheren Zeiten, als die Trauergäste von weit her anreisten, oftmals zu Fuß oder mit einem Pferdekarren.

Der gemeinsame Leichenschmaus, auch als Leidessen, Tränenbrot oder Trauermahl bekannt, war nach der Beisetzung eine sättigende und vollwertige Mahlzeit – und zugleich ein die Gemeinschaft stärkendes soziales Ritual für die Trauernden. Entsprechend verköstigt und gut gestärkt, konnte man sich dann wieder auf den oftmals langen Heimweg machen.

Another Day in Paradise

Die ersten Menschen Adam und Eva lebten im Paradies, im Garten Eden. Eden ist ein hebräisches Wort und bedeutet Lust bzw. Wonne. In einigen Ländern ist „Eden" sowohl als Frauen- als auch als Männername durchaus beliebt.

Röslein rot

Die Rose war ab dem Mittelalter Symbolpflanze der Jungfrau Maria und galt als Zeichen der Verschwiegenheit – sie tauchte in ganz unterschiedlichen Formen und Darstellungen auf. Unter anderem wurden Beichtstühle mit geschnitzten Rosen verziert. Maria sieht man auf Abbildungen oft in einer Rosenlaube stehen. Auch die Redewendung, etwas in „sub rosa", also im Vertrauen zu sagen, hängt mit der Rose zusammen.

Das bekannte Weihnachtslied „Es ist ein Ros' (Reis = Zweig) entsprungen" bezieht sich auf Jesaja 11,1 und damit auf das Kommen Christi: „Es wird ein Spross hervorgehen aus dem Stamm Isais (Jesse) und ein Zweig aus seiner Wurzel Frucht bringen."

Kaum zu glauben – aber wahr!

Im atheistischen China werden die meisten Bibeln hergestellt. Die weltgrößte Bibelfabrik produziert rund 12 Millionen Bibeln jährlich – das sind bis zu 65 Stück pro Minute. Die über 600 Mitarbeiter treffen sich einmal pro Woche zum Bibelkreis.

Wie entstand das Wort Bibel?

Bibel ist abgeleitet vom griechischen Wort „biblia" und bedeutet übersetzt Bücher – es war die Bezeichnung für mehrere Schriftrollen. Man schrieb damals auf Papyrus und musste für dessen Herstellung die entsprechende Pflanze aus Gegenden des Nils in Ägypten importieren.

In einem phönizischen Hafen namens Byblos wurden die Schiffe entladen – und so kam das Material, auf dem die ersten Texte der Bibel aufgeschrieben wurden, zu seinem Namen.

Aus Byblos wurde schließlich Biblion (Bezeichnung für eine Schriftrolle) und daraus entstand dann der Begriff Biblia – für die Sammlung mehrerer Schriftrollen bzw. später für die Zusammenfassung zu einem Buch.

Diese olle Knolle!

Als die Kartoffel im 16. Jahrhundert von Amerika nach Europa kam, hatte die Kirche ein Problem. Die Geistlichen beschrieben sie zunächst als dämonisches und lüsternes Gewächs – denn diese angebliche „Frucht des Bösen" wurde ja nicht einmal in der Bibel erwähnt. Das konnte ja kein gutes Zeichen sein ...

Auf diesen Stein können Sie bauen ...

Simon Petrus war Fischer am See Genezareth. Jesus gab ihm den Namen Kephas (griech. Fels, Stein) und sagte: „Auf diesen Felsen will ich meine Gemeinde bauen ..." Der Apostel Petrus gilt als Begründer der christlichen Kirche in Rom – auf ihn gründet sich das Papstamt.

Sie stecken alle unter einer Decke

Vor allem in Ostdeutschland und in Osteuropa gab es bis ins 20. Jahrhundert den Brauch, Weihnachtsbäume an der Zimmerdecke aufzuhängen – auch verkehrt herum mit der Spitze nach unten.

Dieser Brauch könnte sich von den Römern ableiten, denn sie schmückten ihr Haus traditionell gegen Ende des Jahres mit grünen Zweigen, die sie unter der Zimmerdecke anbrachten. Später hing man im Osten zusammengebundene Tannenzweige auf. Seit einiger Zeit erfreut sich der sogenannte „upside down christmas tree" wieder großer Beliebtheit, vor allem in den USA.

Übrigens ...

Als Symbole für den Geist Gottes zählen neben der weißen Taube das Feuer und der Wind.

Hatten Kain und Abel einen Bruder?

Die ersten Kinder von Adam und Eva hießen Kain und Abel. Kain war der Erstgeborene, sein Bruder Abel kam kurz darauf zur Welt. Nachdem Kain Abel erschlagen hatte, wurde ein weiterer Junge geboren – und es heißt in der Bibel: „Sie gebar einen Sohn und nannte ihn Seth (Setzling); denn sie sagte: Gott setzte mir anderen Nachwuchs ein, weil ihn Kain erschlug." In der Schöpfungsgeschichte werden außerdem weitere nicht namentlich genannte Söhne und Töchter erwähnt, die Adam danach noch mit Eva gezeugt hat.

Einmal hat tatsächlich jemand Gott gesehen

Gott sprach aus einer Wolkensäule zu Mose – wie es im Buch 2. Mose heißt „von Angesicht zu Angesicht, wie ein Mann mit seinem Freund redet". Mose sah aber nur die Wolkensäule. Als ihn Mose bittet, doch seine Herrlichkeit sehen zu dürfen, antwortet er ihm: „Und es wird geschehen, wenn meine Herrlichkeit vorübergeht, so werde ich dich in die Felsenkluft stellen und meine Hand über dich decken, bis ich vorübergegangen bin. Und ich werde meine Hand wegtun, und du wirst mich von hinten sehen; aber mein Angesicht soll nicht gesehen werden." Mose hat also tatsächlich Gott gesehen – aber von hinten.

Warum läuten einige Zeit im Jahr keine Glocken?

Am Donnerstag vor Ostern (Gründonnerstag) gedenken Christen der Einsetzung des Abendmahls durch Jesus in Jerusalem. Von da an bis Ostersonntag schweigen in vielen Kirchen die Glocken und Orgeln, als Ausdruck der Trauer um seine Kreuzigung. In der Osternacht erklingt dann wieder alles – und zwar zur Freude, weil Jesus Christus auferstanden ist von den Toten.

Welches Zeichen auf der Computertastatur steht für die Taufe?

Für fast alles gibt es Abkürzungen, Bilder oder Piktogramme. Das genealogische Zeichen für die Taufe ist die sogenannte Tilde – eine kleine wellenartige Linie, die entsprechend Wasser symbolisiert: ~

Das Kreuz am Bahnübergang

Das vor Bahnübergängen stehende Verkehrszeichen aus zwei gekreuzten weißen Balken mit roten Enden nennt man Andreaskreuz – es zeigt an, dass der Schienenverkehr Vorrang hat. Der Name verweist auf den Apostel Andreas, der als Märtyrer auf solch einem x-förmigen Kreuz gestorben sein soll.

Alter!

Die zehn ältesten Menschen der Bibel waren alle Männer. Den Weltrekord hält Methusalem mit 969 Jahren. Danach folgen Jared (962 Jahre), Noah (950 Jahre), Adam (930 Jahre), Seth (912 Jahre), Kenan (910 Jahre), Enosch (905 Jahre), Mahalalel (895 Jahre), Lamech (777 Jahre) und Sem (600 Jahre).

Und in Psalm 90,10 heißt es für uns Normalsterbliche: „Unser Leben währet siebzig Jahre, und wenn's hochkommt, so sind's achtzig Jahre, und wenn's köstlich gewesen ist, so ist es Mühe und Arbeit gewesen; denn es fähret schnell dahin, als flögen wir davon."

Übrigens ...

Methusalix, der Dorfälteste in den weltweit beliebten Asterix-Comics, hat seinen Namen in Anlehnung an den ältesten Mann in der Bibel bekommen: Methusalem.

Ich glaub's ja nicht ...

Orthodoxe Christen glauben nicht, dass Maria ohne Erbsünde geboren wurde, dass die Seele ins Fegefeuer kommt, dass Pfarrer im Zölibat leben müssen, dass ein Bischof ohne Zustimmung der Gemeinde in sein Amt kommen kann, dass man erst durch Konfirmation oder Firmung ein vollständiges Mitglied der Gemeinde wird, dass die Ehe unauflöslich ist.

Wie lange dauert's denn noch?

Entstanden sind Adventskalender in der Zeit des Pietismus um 1890 als Zeitmesser für die Vorweihnachtszeit. So wurde mit kleinen Bildern und Texten das lange Warten für Groß und Klein etwas kurzweiliger. Seit 1950 gibt es Adventskalender mit Schokolade. Manche Adventskalender haben übrigens 25 Türchen, da ja das Christfest eigentlich erst am 25. Dezember gefeiert wird.

Da hat aber einer gestrahlt!

Der Weihnachtsstern hat laut Bibel zuerst den drei Weisen aus dem Morgenland geleuchtet – und nicht den Hirten auf dem Felde.

Sich ein Bild davon machen

Für orthodoxe Christen sind Ikonen (altgriech. eikón, das Bild) „Fenster zum Himmel". Auf Ihnen sind Jesus, Maria und andere Heilige abgebildet.

Lach mal wieder ...

Wie lautet die Telefonnummer von Gott? Es ist die 50 15.
Denn in Psalm 50,15 steht: „Rufe mich an in der Not ..."

One Love

Der Herr ist mein Hirte. Der jamaikanische Reggae-Sänger Bob
Marley wurde zusammen mit seiner roten Gibson-Gitarre und
einer Knospe Marihuana begraben. Auf der Brust des 36-Jährigen
lag eine aufgeschlagene Bibel, die den Psalm 23 zeigte.

Wie entstand der Osterhase?

Der Hase ist das erste Tier, das im Frühjahr Junge bekommt (bis zu
20), und wurde daher schon bald mit dem Ei als typischem Frucht-
barkeitssymbol in Verbindung gebracht.

Dass der Osterhase die Ostereier bringt, ist bereits um 1680
in protestantischen Städten in Südwestdeutschland bezeugt. Die
bäuerlichen Arbeiter hatten früher ihrem Herrn für das Stück zu
bearbeitende Land, das sie hatten, zu Ostern Eier und Hasen als
Pacht zu zahlen. So kam es zur Verknüpfung zwischen beiden. Der
Osterhase versteckte alsbald die Eier und legte sie in Osternester –
der Brauch wurde ab Ende des 19. Jahrhunderts immer populärer.

Ein Segen für die Menschheit

In der katholischen Kirche wurde lange darüber diskutiert und gestritten, ob ein medial versendeter Segen per Radio oder Fensehen überhaupt wirksam ist. Seit 1967 kann man ihn über das Radio empfangen und seit 1985 über den Bildschirm.

Der apostolische Segen „Urbi et Orbi", den der Papst vom Vatikan aus am Ostersonntag und am ersten Weihnachtsfeiertag in alle Welt sendet, ist übrigens mit einem vollkommenen Ablass der Sünden verbunden.

Reliquienkult im Mittelalter

Es gibt nichts, was es nicht gibt – bestes Beispiel sind einige ganz besondere Reliquien aus dem Mittelalter.

Manche Kirchen behaupteten, u. a. im Besitz von folgenden Gegenständen zu sein: Milch von der Jungfrau Maria. Die Stange, auf der der Hahn saß, als Petrus Jesus verleugnete. Ein Stein, auf dem Maria rastete bei ihrer Flucht mit Josef und dem neugeborenen Jesus nach Ägypten. Eier des als Taube herabgekommenen Heiligen Geistes. Eine Feder aus dem Flügel des Erzengel Gabriel, der Maria die Geburt Jesu ankündigte. Das Becken, in dem sich Pontius Pilatus nach seinem Urteilsspruch die Hände wusch.

Vom Himmel hoch ...

An etwa zwei Wochen im Jahr, wenn die Witterungsverhältnisse es zulassen, werden von einer südkoreanischen Organisation heliumgefüllte Ballons mit Bibeltexten nach Nordkorea geschmuggelt. In den Ballons ist ein Mechanismus eingebaut, der sie in großer Höhe aufgehen lässt und die Inhalte abwirft. Die Bibelteile gleiten zu Boden und verteilen sich in einem Radius von 50 bis 100 Kilometern über das Land.

Zwischen 2005 und 2018 wurden so jährlich rund 25.000 Bibeltexte nach Nordkorea transportiert – danach wurde die Aktion von der südkoreanischen Regierung verboten.

Trotz des Verbotes sendet die Organisation Voices of the Martyrs Korea weiterhin Ballons mit christlichem Material und Bibeln, wenn der Wind günstig steht. Wind of change ...

Stelle neu zu besetzen!

Matthias nahm durch Losentscheid die freie Stelle im Zwölferkreis der Apostel ein, da der Platz des Judas Iskariot durch dessen Verrat an Jesus frei geworden war. Sein Name bedeutet „Geschenk Gottes".

Schnittstelle

Die Einsetzung des Abendmahls ist die Schnittstelle zwischen dem Alten Bund und dem Neuen Testament. Nun ist Jesus selbst das Opferlamm. Als Jesus nachmittags um drei Uhr starb, zerriss im Tempel der Vorhang – und der Blick aufs Allerheiligste war nun für jedermann frei. Das bedeutet: Die Gesetzlichkeit ist aufgehoben. Durch den rechten Glauben an Jesus Christus kommt man jetzt auf direktem Weg zu Gott – und muss nicht verzweifeln, wenn man nicht alle Vorgaben einhalten kann. Jesus ist gekommen, um das Gesetz zu erfüllen.

Und ein Tod macht ja ein Testament erst gültig und wirksam. Darum spricht man seitdem nicht mehr vom Alten, sondern vom Neuen Testament.

Keine wirkliche Hilfe

Ein Mesner ist niemand, der dem Pfarrer bei der Messe hilft. Der Begriff leitet sich ab vom mittelalterlichen mansionarius und bedeutet Haushüter. Man nennt ihn auch Messner, Mesmer, Küster, Sakristan, Sigrist, Kirchwart oder Kirchner. Er ist haupt- oder ehrenamtlich verantwortlich für die Vorbereitung des Gottesdienstes, für den Kirchenraum und die Sakristei.

Eine Insel mit zwei Bergen ...

Der britische Kapitän William Mynors erreichte mit seinem Schiff „Royal Mary" am 25. Dezember 1643 eine unbewohnte Insel. Da zu Hause die Geburt Christi gefeiert wurde, taufte er das 135 Quadratkilometer große Stück Land auf den Namen „Weihnachtsinsel".

Woher kommt der Begriff Kadavergehorsam?

Früher mussten Soldaten bedingungslos gehorchen und ohne freien Willen einfach nur Befehle ausführen – die entsprechend zum Tod führen konnten. Zu nennenswerten Meutereien, Befehlsverweigerungen oder Aufständen kam es an der Front so gut wie nie.

Kadavergehorsam ist ursprünglich eine christliche Erfindung. Der Jesuitenorden verlangte von seinen Mitgliedern, Gott und den Vorgesetzten „wie ein toter Körper" (lat. cadaver) zu folgen und zu gehorchen. „Durch Ablegung des eigenen Willens und Urteils sollen sich alle auszeichnen, die in unserem Orden dienen", so wollte es Ordensgründer Ignatius von Loyola.

Nicht nur sauber, sondern rein

Pontius Pilatus wusch sich nach dem Verhör und seinem Urteilsspruch die Hände, um damit vor dem Volk und aller Welt seine
Unschuld am Tod Jesu zu symbolisieren. Er selbst fand eigentlich
nichts gegen Jesus und hatte ja angeblich nur getan, was das Volk
von ihm verlangte: „Kreuzige ihn!"

Hier wird gegessen, was auf den Tisch kommt

Wie man auf einem Gemälde in der Kathedrale von Cusco in Peru
sehen kann, gab es beim letzten Abendmahl ein gegrilltes Meerschweinchen zu essen. Seit rund 3.000 Jahren stehen diese Tiere
bei vielen in der Andenregion lebenden Südamerikanern auf dem
Speisezettel. Im San Francisco-Kloster in Lima verspeist Jesus mit
seinen Jüngern ebenfalls Meerschweinchen, dazu gibt es Kartoffeln
und Chili – das peruanische Nationalgericht. Auf dem Bild aus
dem 16. Jahrhundert sitzen auch Frauen mit am Tisch.

Hand in Hand

Hände falten beim Beten geht ursprünglich auf die gefesselten Hände von Gefangenen zurück. Weil oft auch zusätzlich der Hals mit gefesselt war, beugen Betende ihren Nacken nach unten über die gefalteten Hände. Es handelt sich ursprünglich um eine Geste der Unterwerfung bzw. der Ergebung und des vollständigen Gehorsams.

Die Fantasie verleiht Flüüüügel …

Egal, ob im Alten oder im Neuen Testament – wenn über Engel berichtet wird, ist nie von geflügelten Wesen die Rede. In frühchristlicher Zeit wurden Engel immer ohne Flügel abgebildet – die einzigen biblischen Gestalten mit Flügeln sind die sogenannten Cherubim und Seraphin – das sind aber keine Gottesboten, sondern Mitglieder des göttlichen Hofstaates.

Erst ab Anfang des 5. Jahrhunderts werden diese Geist- und Lichtwesen meist mit Flügeln dargestellt, zuerst jugendlich-männlich, ab dem Hochmittelalter kindlich-niedlich. Vermutlich wollte man so für das Volk deren plötzliches Erscheinen und Verschwinden nachvollziehbarer darstellen.

Das muss Liebe sein!

Eigentlich hätte Josef Maria steinigen lassen können, denn das Kind war ja nicht von ihm. Für Außenstehende lag Ehebruch vor, da sie ja nicht vom ihm geschwängert wurde – und darauf stand als Strafe Steinigung. Aber er schwieg, hielt zu ihr und vertraute auf Gottes Wort durch den Engel.

So kann man jemandem die Hölle heiß machen

Das sogenannte Fegefeuer kommt in der Bibel nirgendwo vor. Erst rund 200 Jahre n. Chr. meinte der alexandrinische Gelehrte Origenes, dass der Mensch nach dem Tod noch einer Läuterung bedarf – und stellte die These auf, dass jeder Tag, den man in Sünde lebt, ein Jahr Fegefeuer bedeutet.

Im Laufe der Zeit war diese Idee tatsächlich zur offiziellen katholischen Kirchenlehre geworden.

Die Allgemeinbildung war auch schon mal besser

Nur noch rund 80 Prozent der Deutschen wissen, warum wir Weihnachten feiern und dass der Grund für die dreitägigen Feierlichkeiten die Geburt Jesu Christi ist.

Die Flatter gemacht

Im Jahr 2009 trafen sich im bayrischen Hauzenberg 1.039 Weihnachtsengel – irdischer Rekord. Und die weltgrößte Engelsskulptur, der „Angel of the North" im englischen Gateshead, hat eine Flügelspannweite von 54 Metern!

Warum sagt man zu Weihnachten eigentlich auch X-mas?

Oftmals wird in der heutigen Zeit der Begriff X-mas rein kommerziell eingesetzt, wenn man den christlichen Aspekt beim Verkaufen entsprechend ausblenden möchte. Die englische Abkürzung für Weihnachten ist aber dennoch nicht unreligiös – und eben nicht nur eine vermeintlich moderne Abkürzung.

Im Griechischen schreibt man nämlich Christus mit einem X am Anfang. Die beiden Anfangsbuchstaben X (Chi) und P (Rho) sind übereinander geschrieben auch als Christusmonogramm oder Konstantinisches Kreuz bekannt.

Übrigens: Die „Gesellschaft für deutsche Sprache" hat den Begriff X-mas bereits 2008 zum überflüssigsten und nervigsten Wort des Jahres erklärt.

O Tannenbaum ...

Erst im Jahre 1824 wurde das beliebte „O Tannenbaum" zu einem Weihnachtslied umgedichtet – bis dahin lautete der Originaltext „O Mägdelein, o Mägdelein, wie falsch ist dein Gemüte" und handelte von einer unerfüllten Liebe. Es wurde seit dem 16. Jahrhundert auf dieselbe Melodie gesungen. Funfact am Rande: Unter dem Titel „The Red Flag" ist es in Großbritannien ein sozialistisches Arbeiterlied und die offizielle Hymne der Labour-Partei.

Warum ist das Kirchenjahr nicht dasselbe wie das „normale" Jahr?

Das Kirchenjahr erklärt die chronologische Abfolge der Heilsgeschichte. Es ist geprägt vom Gedenken an Jesus Christus, der Mensch wurde (Advent = Warten auf ihn; Weihnachten = seine Geburt), in die Nachfolge ruft, leiden musste (Passionszeit = Fastenzeit), um unserer Sünden willen ans Kreuz ging und auferstanden ist (Ostern), erhöht wurde (Himmelfahrt), sich in der Kraft des Heiligen Geistes als der lebendige und wahre Herr erweist (Pfingsten) und wiederkommen wird, zu richten die Lebenden und die Toten (Ende des Kirchenjahres).

Standen wirklich Ochse und Esel an der Krippe?

Ochse und Esel gehören in jede Krippe – aber in der Bibel werden sie in der Weihnachtsgeschichte tatsächlich mit keinem Wort erwähnt. Im Alten Testament jedoch heißt es schon in Jesaja 1,3: „Jeder Ochse kennt seinen Herrn und jeder Esel die Krippe seines Herrn; aber Israel kennt's nicht" – und das wurde nun mit der Geburt Jesu direkt in Verbindung gebracht. So gehören diese Tiere also dann eben doch zumindest symbolisch in den Stall.

Der Ochse ist das typische Opfertier des Alten Testaments und ein Vertreter der unter dem Joch des Gesetzes stehenden Juden. Selbst die Propheten setzten sich ein solches Joch als Zeichen der Knechtschaft und Gesetzestreue symbolisch auf.

Der Esel ist ein Vertreter der aus den Heiden kommenden gläubigen Gemeinde. Ein Esel trägt das göttliche Kind ins Asyl nach Ägypten. Und auf einem Esel zieht Jesus später in Jerusalem ein.

Die fantastischen Vier sind sich einig

Das einzige Jesus-Wunder, über das in allen vier Evangelien berichtet wird, ist die Speisung der 5.000 – und das alles nur mit zwei Fischen und fünf Broten. Alle wurden satt und man zählte übrigens nur die Männer.

Lach mal wieder ...

Kinder, Kinder ...

Kinderlosigkeit galt in biblischen Zeiten als Makel, und so hat der eine oder andere Ehemann einen kleinen Trick angewandt: Er hat einfach die Magd geschwängert und ließ diese dann das Kind, auf der kinderlosen Ehefrau sitzend, gebären. Danach konnte man das Baby als „ganz normale Eltern" nach außen hin stolz präsentieren. Übrigens: Nach dem Gesetz Mose durften Mütter am 40. Tag nach der Geburt eines Jungen zum ersten Mal wieder im Tempel erscheinen, um offiziell ihre Zeit der „Unreinheit" zu beenden und um zu opfern. Hatte man hingegen ein Mädchen geboren, musste man doppelt so lange warten.

Klappern gehört zum Handwerk

Sogenannten Klapperjungen war es einst vorbehalten, von Gründonnerstagmittag bis Karsamstagabend die Gläubigen zum Gottesdienst zu rufen, durch die Gegend zu ziehen und mit Rätschen und Rasseln die Kirchenglocken zu ersetzen, die ja ab Gründonnerstag schweigen. Man muss sich nur zu helfen wissen ...

Was ist grün am Gründonnerstag?

Dem Wort Gründonnerstag spricht man inhaltlich gleich mehrere Bedeutungen bzw. Entstehungsgeschichten zu. Erstens beginnt es um diese Zeit in der Natur wieder langsam zu grünen, an manchen Zweigen sind bereits junge Blätter zu erkennen. Zweitens rief Jesus auf seinem Kreuzweg nach Golgatha den Töchtern Jerusalems zu, die klagend am Wegesrand standen: „Weinet nicht um mich, sondern über euch und eure Kinder ... denn so man das tut am grünen Holz, was will am dürren werden?" Und drittens nahm man sich an diesem „Greindonnerstag" auch wieder der weinenden (althd. gronan = greinen, weinen) Büßer an, die seit Aschermittwoch von der Gemeinschaft der Gläubigen ausgeschlossen waren und vor der Kirchentür standen. Man feierte ihre Entlassung (Antlass) aus der Büßerschar und bezeichnet den Gründonnerstag seitdem auch als „Antlasstag".

Warum hängt man Christbaumkugeln an den Baum?

Die Tradition, Weihnachtsbäume mit Äpfeln zu schmücken, geht auf das 16. Jahrhundert in Deutschland zurück und wird in einigen Teilen der Welt auch heute noch praktiziert. Ab der Biedermeierzeit wurden Glaskugeln sehr beliebt – die verschiedenen Farben symbolisieren u. a. die Kostbarkeiten, die dem Kind in der Krippe dargebracht wurden. Rote Kugeln am Weihnachtsbaum sollen an den Paradiesapfel erinnern und zugleich an die göttliche Liebe.

Hat Jesus auch mal geflucht?

Man sollte es nicht für möglich halten, aber Jesus hat tatsächlich auch mal geflucht – oder besser gesagt, er hat sich mächtig geärgert, geschimpft und war ziemlich sauer.

Als er einmal Hunger hatte und einen Feigenbaum am Weg stehen sah, wollte er einige Früchte davon essen – er „ging hinzu und fand nichts daran als Blätter und sprach zu ihm: Nie mehr wachse Frucht auf dir in Ewigkeit! Und der Feigenbaum verdorrte sogleich."

Ein gesunder Geist in einem gesunden Körper ...

Der Name Pfingsten kommt aus dem Griechischen: pentecoste heißt „der Fünfzigste". Es ist jetzt genau fünfzig Tage nach Ostern. Laut Apostelgeschichte wurde das erste Pfingstfest fünfzig Tage nach dem österlichen Passahfest gefeiert.

Es war damals das Fest der ersten Ernte, an welchem die Jünger Jesu zuerst den Geist Gottes empfingen und dann das Evangelium verkündeten. Deshalb wird Pfingsten auch als „Geburtstag der Kirche" bezeichnet. Pfingsten ist das dritte große Hauptfest der Christenheit und seit dem 3. Jahrhundert bezeugt.

Ich kleb dir gleich eine!

Der Exportschlager des Vatikans sind – wer hätte das gedacht – Briefmarken. Viele Christen und Christinnen weltweit beschäftigen sich mit diesem ganz besonderen Hobby. Seit 1942 gibt es die sogenannte „St. Gabriel Sammlergilde", in der Tausende Sammler und Sammlerinnen religiöser Motive auf Briefmarken organisiert sind. Diese Gabrielsgilden gelten mittlerweile als die größte thematische Philatelie-Gruppe der Welt. Vereinszweck ist es, „den christlichen Glauben durch Sammeln und Erforschen von Briefmarken und Poststempeln mit christlichen Motiven zu fördern und zu vertiefen".

Übrigens ...

Das einzige Land der Welt mit der Geburtenrate Null ist ... der Vatikan.

Wer hat's erfunden ...?

Andere Länder, andere Sitten. Nix Nordkap, nix Rentier – der Weihnachtsmann wohnt laut Schweizer Volksglauben tief im Schwarzwald und wird von einem treuen Esel begleitet. Da kann man nur sagen: 's git nüt, wo's nöd git – es gibt nichts, was es nicht gibt!

Von Zweien, die auszogen, das Evangelium zu verkünden

Paulus verkündete das Evangelium den Heiden. Petrus verkündete das Evangelium den Juden. Die Mehrzahl der Bibel- und Geschichtsforscher ist der Meinung, dass Petrus und Paulus wohl am selben Tag (zwischen 64–68 n. Chr.) durch Nero in Rom den Märtyrertod erlitten haben – so kam es zu ihrem gemeinsamen Gedenktag 29. Juni.

Paulus soll als römischer Bürger nicth gekreuzigt, sondern mit dem Schwert geköpft worden sein.

Petrus wurde, wie es sein ausdrücklicher Wunsch war, mit dem Kopf nach unten gekreuzigt. Er sagte: „Ich bin nicht würdig, wie Jesus zu sterben."

Das muss doch nicht sein ...

Bei den Juden spielt noch heute die Beschneidung der Jünglinge eine große Rolle. Für Christen jedoch ist dies ein unwesentliches, nicht heilsnotwendiges Ritual, denn die Gesetzlichkeit des Alten Testaments ist durch den Opfertod Christi endgültig aufgehoben – deshalb bildeten sich daraus keine eigenen Bräuche und Feierlichkeiten.

Wasser marsch!

Die Taufe Jesu durch Johannes den Täufer ist der Beginn der christlichen Taufpraxis. Der auferweckte Christus gebot seinen Jüngern zu taufen und sprach dem Ganzen eine zentrale Bedeutung zu. Schon in der urchristlichen Gemeinde wurde die Erwachsenentaufe durchgeführt.

Na dann, erz-ähl mal ...

Erzengel (griech. archangelos; lat. archangelus) haben nichts mit dem metallhaltigen Gestein Erz zu tun. Die griechische Vorsilbe „arch" bedeutet Haupt, Ober oder Meister. Erzengel stehen in der Hierarchie über den einfachen Engeln. Man nennt sie auch die Fürsten der Engel.

Geburtstag des Kelches – was ist denn das?

Früher war Gründonnerstag auch als „Geburtstag des Kelches" bekannt. Denn Jesus betete nach dem gemeinsamen Passahmahl im Garten Gethsemane, dass „dieser Kelch" an ihm vorübergehen möge – und meinte damit seinen Prozess und sein Leiden bis zum Tod.

Wie kam eigentlich Ostern zu seinem Namen?

Ostern leitet sich eventuell aus dem Namen der germanischen Frühlings- und Fruchtbarkeitsgöttin Ostara (Ostera) bzw. engl. Eostrae (Eastre) ab. Ostare heißt „Erlaubnis" und mag den Wunsch bezeichnen, der mit dem Osterfest beginnenden, neuen Jahreszeit offiziell Einlass zu gewähren.

Vom englischen Benediktinermönch Beda Venerabilis (674–735) stammt der älteste literarische Beleg für das Wort Ostern – sein verwendeter Begriff „Eostro" ist vom Wortstamm „ausos" abgeleitet, der im Griechischen zu „eos" (Sonne) und im Lateinischen zu „aurora" (Morgenröte) geführt hat. Eos war die griechische Lichtgöttin, Aurora ihr römisches Pendant. Sie traten vor allem im Frühling, am Fest des zunehmenden Lichtes in Erscheinung.

Vermutlich könnten bei der Entstehung des Wortes Ostern auch die Frühgottesdienste der Neugetauften eine Rolle gespielt haben, denen man weiße Taufkleider, sogenannte „albae paschales" (lat. alba = weiß) angezogen hatte.

Auf Germanisch ist alba mit „austro" identisch, dessen Pluralform „ostarum" heißt. Und „paschales" entstammt der alten Bezeichnung „Pascha" für Ostern – in Anlehnung an das hebräische Passahfest.

Übrigens ...

Jesus ist die griechische Form des hebräischen Josua (Gott ist Rettung).

Kreuz und quer
in ganz Deutschland unterwegs

Bonifatius (673–754) missionierte in vielen Gegenden Deutschlands und wird „der Apostel der Deutschen" genannt.

Zeigt her eure Füße

In der Bibel berichtet Johannes, dass Jesus nach dem Abendmahl seinen Jüngern die Füße wäscht. Sie wundern sich anfangs, denn die Fußwaschung galt im Orient als Sklavendienst. Jesus aber will ihnen zeigen, dass er sich eben nicht als Herrscher, sondern als Diener aller Menschen versteht.

Der Nikolaus kommt nicht ins Haus!

Im 16. Jahrhundert gab es in protestantisch geprägten Ländern strenge Verbote, einen als Bischof gekleideten heiligen Sankt Nikolaus auftreten zu lassen – entsprechend des reformatorischen Gedankens der Gleichheit und Heiligkeit aller Christen.

Man hatte ja die Heiligenverehrung abgeschafft, weil man nur Gott und die Bibel als höchste Instanz annahm – und dort ist bezeugt, dass jeder Gläubige selbst geheiligt, also ein Heiliger ist.

Knüppel aus dem Sack

Knecht Ruprecht, der alte Geselle mit der Rute, gilt seit dem 18. Jahrhundert als Begleiter und Gegenpart zum guten Nikolaus, der die lieben Kinder für ihre guten Werke belohnt – Ruprecht hingegen soll die unartigen strafen. Manche Historiker leiten seinen Namen vom germanischen Gott Wotan ab, der den Beinamen „der Ruhmglänzende" (hroudberth) trug. Aus „hroud-berth" wurde im Laufe der Zeit „Ruprecht".

Verraten und verkauft

Judas hat Jesus durch einen Kuss auf die Wange im Garten Gethsemane verraten. Ihm folgte eine große Schar Soldaten, mit Fackeln und Lampen, Stangen und Schwertern bewaffnet, sowie Hohepriester, Schriftgelehrte und Älteste.

Als Lohn für seinen Verrat hatte Judas von den Hohepriestern dreißig Silberlinge versprochen bekommen. Dies entsprach damals in etwa einem Drittel des Jahreslohns für einen einfachen Arbeiter.

Vom Saulus zum Paulus

Paulus war gelernter Zeltmacher und wandelte sich vom unerbittlichen Christenverfolger Saulus zum strenggläubigen Missionierer. Er gehörte nicht zum Kreis der zwölf Jünger Jesu.

Was ist an Weihnachten so besonders?

Weihnachten ist das Geburtsfest von Jesus – es ist nach Ostern das höchste Fest der Christenheit. Der 24. Dezember ist aber auch der Namenstag von Adam und Eva. Diese sind wegen ihres Ungehorsams aus dem Paradies ausgeschlossen worden – darum werden alle Menschen schon als Sünder geboren. Und weil das die Menschheit von den beiden ersten Menschen „geerbt" hat, heißt es auch Erbsünde.

Weihnachten nun schließt Gott durch Jesus für alle Menschen die Tür zum Paradies und zum ewigen Leben wieder auf. Gott selbst ist Mensch geworden – und deshalb fing auch, im wahrsten Sinne des Wortes, eine neue Zeitrechnung an.

Zur Sprache gebracht ...

Weihnachten heißt auf Englisch „Christmas", auf Finnisch „Joulu", auf Französisch „Noël", auf Italienisch „Natale", auf Irisch „Nollag", auf Niederländisch „Kerstmis", auf Spanisch „Navidad", auf Türkisch „Noel", auf Afrikaans „Kersfees", auf Suaheli „Krismasi" und auf Haitianisch „Nwèl".

Schon gewusst?

Das griechische Wort für Seele heißt Psyche.

Dienst nach Vorschrift?

Beim Gebet, in der Synagoge, bei Mahlzeiten ... Die Kippa, die viele fromme jüdische Männer auf dem Kopf tragen, wird in der Bibel nirgends erwähnt. Im Alten Testament – im 2. Buch Mose, in Kapitel 28, Vers 4 – gilt die Forderung, eine Kopfbedeckung zu tragen, nur für den Hohepriester.

Wie die Royals in England Weihnachten feiern

Es ist jedes Jahr dasselbe – the same procedure as every year. Die gesamte britische Königsfamilie findet sich am 24. Dezember um 16 Uhr zum sogenannten Afternoon Tea auf dem Landsitz in Sandringham House in der Grafschaft Norfolk ein. Später dann, am Heiligabend, gibt es für die Kinder nach Tradition der deutschen Vorfahren die Bescherung. Am Morgen des ersten Weihnachtsfeiertages steht der Gottesdienstbesuch in der Kirche St. Mary Magdalene an. Um 13 Uhr gibt es das Mittagessen – wie immer wird Truthahn und als Nachtisch Christmas Pudding serviert. Und am Abend gibt es dann zum Abschluss ein großes Buffet.

Seit über 150 Jahren verbringt die Königsfamilie auf dem 240 Hektar großen Anwesen die Weihnachtsfeiertage – bereits in den 1870er-Jahren wurde der Landsitz Sandringham als „komfortabelstes Haus Englands" bezeichnet, denn es gab dort schon Wasserhähne mit fließendem Wasser, Toiletten und Duschen. Das Gebäude hat 52 Gästezimmer und manch ein Angehöriger der Familie genießt die Ferien im herrschaftlichen rotbraunen Ziegelbau sogar bis Ende Januar.

Das könnte man wissen

Menschen, die wegen ihres Glaubens getötet werden, heißen Märtyrer. Das Wort Märtyrer kommt vom griechischen „martyros" und bedeutet Zeuge.

Hoch und heilig versprochen …

Die Erinnerung an Heilige und deren Verehrung war ursprünglich an ihre Gräber gebunden. Da aber nicht jeder dort hinpilgern konnte, wurden die Reliquien (Körperteile, Sachen aus dem persönlichen Besitz und sogar auch Dinge, die vom Heiligen nur berührt wurden) Gegenstand der Verehrung. Und diese wurden dann in vielen Gotteshäusern ausgestellt und zugänglich gemacht.

Nach dem Verständnis des Neuen Testament sind jedoch eigentlich alle, die kraft Geistestaufe vom Heiligen Geist erfüllt sind, heilig – also die gesamte glaubende und in der Nachfolge stehende Christenheit. Der Apostel Paulus nennt alle Gläubigen Heilige, die seine Briefe empfangen bzw. andere Nachfolger Jesu durch ihn grüßen lassen. Jeder wahrhaft gläubige und wiedergeborene Mensch wird so bezeichnet, denn er ist „geheiligt und gerecht geworden durch den Namen des Herrn Jesu und durch den Geist Gottes".

Übrigens …

Im Jahr 49 fand in Jerusalem ein Treffen der zwölf Apostel statt – und auch Paulus war mit dabei.

Alle Vorhersagen sind eingetroffen

Bereits im Alten Testament wird auf das Kommen Jesu hingewiesen: Er soll aus dem Menschengeschlecht kommen (1. Mose 3,15), und zwar aus Abrahams Samen (1. Mose 22,18). Der Messias soll aus dem Stamm Juda hervorgehen (1. Mose 49,10) – aus dem Hause Davids (2. Samuel 7,12-14).

Es werden sogar sein Name, seine Aufgaben (Jesaja 9,6-7; Jesaja 53) sowie seine Geburtsstadt genannt (Micha 5,1). Auch über das Wunder der Geburt (Jesaja 7,14), sein Leiden, Sterben und seinen ewigen Triumph wird geschrieben. Es ist tatsächlich alles in Erfüllung gegangen. Check!

Wofür sind eigentlich die Engel da?

Engel sind himmlische Boten Gottes, die als Mittler zwischen Gott und den Menschen in Erscheinung treten. Sie bilden den göttlichen Hofstaat, kämpfen gegen das Böse, offenbaren und vollstrecken den Willen Gottes, loben und preisen ihn.

Engel sind Begleiter und Beschützer, sie retten aus Gefahr, können auf Menschen einwirken und sie lenken. Sie überbringen Nachrichten, Forderungen, Verheißungen.

Um 500 entstand das Werk des Dionysius Areopagita mit dem Titel „De Coelesti Hierarchia" (Über die himmlische Hierarchie). Dort werden neun Hierarchien der Engel beschrieben, an deren oberster Stelle die Cherubim und Seraphin stehen.

Du sollst nicht stehlen ...

Man soll es nicht glauben, aber das am meisten geklaute Buch der Welt ist tatsächlich ... die Bibel! Sie wird hauptsächlich aus öffentlichen Bibliotheken und Hotels entwendet.

Knockin' On Heaven's Door ...

Papst Franziskus, seit dem 13. März 2013 Bischof von Rom und Oberhaupt der römisch-katholischen Kirche, besitzt die argentinische und italienische Staatsbürgerschaft. Als der junge Jorge Mario Bergoglio in Argentinien studierte, hat er in einer Bar in Buenos Aires als Türsteher gearbeitet.

In Johannes 10,9 spricht Jesus: „Ich bin die Tür für die Schafe. Wer durch mich hineingeht, wird gerettet." Auch jetzt hat er als Papst eine Art Türsteherjob – als Stellvertreter Christi auf Erden – und lädt alle ein, ins Haus Gottes zu kommen.

Wenn man's ganz genau nimmt ...

Weihnachten ist tatsächlich erst am 25. Dezember – der 24. Dezember ist nur der Vorabend der Geburt Jesu, also der sogenannte Heiligabend. Die meisten feiern Weihnachten dennoch schon am 24., weil früher der neue Tag bereits mit der Dunkelheit am Vorabend begann – und nicht erst wie heute nachts nach 0 Uhr.

Ein Engel auf Erden

Erzengel Gabriel, der Bote Gottes und Erklärer von Visionen, ist in der katholischen Kirche auch der Schutzpatron für den Bereich Telekommunikation. An seinen Besuch bei Maria mit der Verkündigung der Geburt des Heilands erinnert das sogenannte Angelusgebet, zu dem die Gläubigen dreimal täglich durchs Gebetläuten eingeladen werden.

Heilix Blechle – woher kommt dieser Ausdruck?

Heilix Blechle ist eine schwäbische Redewendung, die Erstaunen oder Bestürzung zum Ausdruck bringt. In Schwaben haben viele ein sogenanntes Heilix Blechle – ein eigenes Auto, dass man hegt und pflegt, das einem lieb und teuer ist. Da heißt es saugen, putzen und polieren … und jeder Kratzer, jede noch so kleine Schramme ist ein kleines Drama. So heißt es oft scherzhaft: Finger weg – dees isch mei Heilix Blechle!

In der Zeit nach dem Dreißigjährigen Krieg gab es in Württemberg den „heiligen Kasten" – eine Kasse, aus der viele Bedürftige unterstützt wurden. Sie bekamen von Pfarrern und Kirchenpflegern kleine Blechmarken, mit denen man bezahlen konnte. Und weil man die Kirchenpfleger damals Heiligenpfleger nannte, wurden die Blechmarken bald schon als Heilix Blechle bezeichnet. Das Heilige Blech hat also im Laufe der Zeit einen interessanten Bedeutungswandel erfahren.

Bibliografische Information der Deutschen Nationalbibliothek:
Die Deutsche Nationalbibliothek verzeichnet diese Publikation in der Deutschen
Nationalbibliografie; detaillierte bibliografische Daten sind im Internet über
http://dnb.d-nb.de abrufbar.

Klimaneutrale Produktion.
Gedruckt auf umweltfreundlichem, chlorfrei gebleichtem Papier.

Bibelzitate entstammen den folgenden Ausgaben:

Die Bibel oder die ganze Heilige Schrift des Alten und Neuen Testaments
nach der deutschen Übersetzung Martin Luthers. Neu durchgesehen nach dem
vom Deutschen Evangelischen Kirchenausschuss genehmigten Text (1912).
© 2018 Deutsche Bibelgesellschaft, Stuttgart

Lutherbibel, revidierter Text 1984, durchgesehene Ausgabe,
© 1999 Deutsche Bibelgesellschaft, Stuttgart

Umschlaggestaltung: Weiss Werkstatt München, werkstattmuenchen.com
Umschlagabbildungen und Innenillustrationen: © shutterstock | Y Salnikova | GaliChe
Druck und Bindung: CPI books GmbH, Leck
Printed in Germany

ISBN 978-3-98790-025-9

Weitere Informationen zum Verlag:
www.bonifatius-verlag.de